クロスキャリア思考

会社と見つける、あなたの「天職」と「未来」

株式会社エイチ・ティー
照井直哉
KEN
澤村暢子

はじめに

みなさんは、こんな悩みをお持ちではないでしょうか。

「やりたいことを見つけたい。自分にとっての天職ってなんだろう?」
「希望していた会社や部署ではないのでモチベーションが上がらない」
「今の仕事や会社では自分の本当の実力が発揮できないと思う」

一見、これらはバラバラの悩みのように見えますが、実は共通の原因があります。

それは、

自分のやりたいことが明確になっていない
会社のやりたいことが明確になっていない

明確になっているのにすり合わせができていない

この3つです。

その解決方法として、私たちが提案するのが「**クロスキャリア思考**」です。

クロスキャリア思考とは、「**自分がやりたいこと**」と「**会社がやりたいこと**」を**明確にして、それらが重なる点を見つける**というシンプルな考え方です。

クロスキャリア思考を実践すれば、次のような変化が期待できます。

・自分のやりたいことが見つかる
・自分の強みと弱みがはっきりする
・将来への不安がなくなる
・仕事のやりがいが見つかり、モチベーションがアップする
・やりたい仕事ができるようになる

・会社からの評価がアップする
・自分に自信がつく

さらに、働く人の悩みが解決すると、経営・人事担当者の悩みも解決します。社員のやりたいことと会社のやりたいことが重なることで、社員の能力を引き出し、離職を防ぐことができます。ミスマッチがなくなり、モチベーション高く、長く働いてくれる人材を採用できるようになります。

今でこそ人事やキャリアのコンサルティングという仕事をしていますが、私たち自身キャリアに迷い、もがいてきました。この経験が、クロスキャリア思考を生み出す原点となりました。

本書では、私たちの経験とコンサルタントとしての知見をもとに、みなさんがクロスキャリア思考を身につけ、自信をもって自分だけのキャリアを築くための方法をお伝えします。

自分の気持ちを押し殺して働いている人も、転職を考えている人も、ちょっと待ってください。クロスキャリア思考を実践することで、**どのような環境でもやりがいをもって楽しく働くことができる「第3の選択肢」を選べるようになります。**

この本を通じて、自分の未来にワクワクする気持ちが湧き上がれば、これに勝る喜びはありません。

クロスキャリア思考　目次

第2章　ステップ1　価値観

column いじめられた経験を持つAさんの記入例 90

第5章 ステップ4 戦略

第6章 ステップ5 アクションプラン

序章

「クロスキャリア思考」とは？

「クロスキャリア思考」の全体像

クロスキャリア思考とは、**「自分がやりたいこと」**と**「会社がやりたいこと」**を明確にし、**それらが重なる点を見つける**考え方です。

この考え方を実践する方法は、社員側からすり合わせるアプローチと会社側からすり合わせるアプローチの２つがあり、社員側からのアプローチを**「じぶん戦略」**、会社側からのアプローチを**「クロスキャリア・マネジメント」**と呼んでいます。

▶図0－1　クロスキャリア思考とは

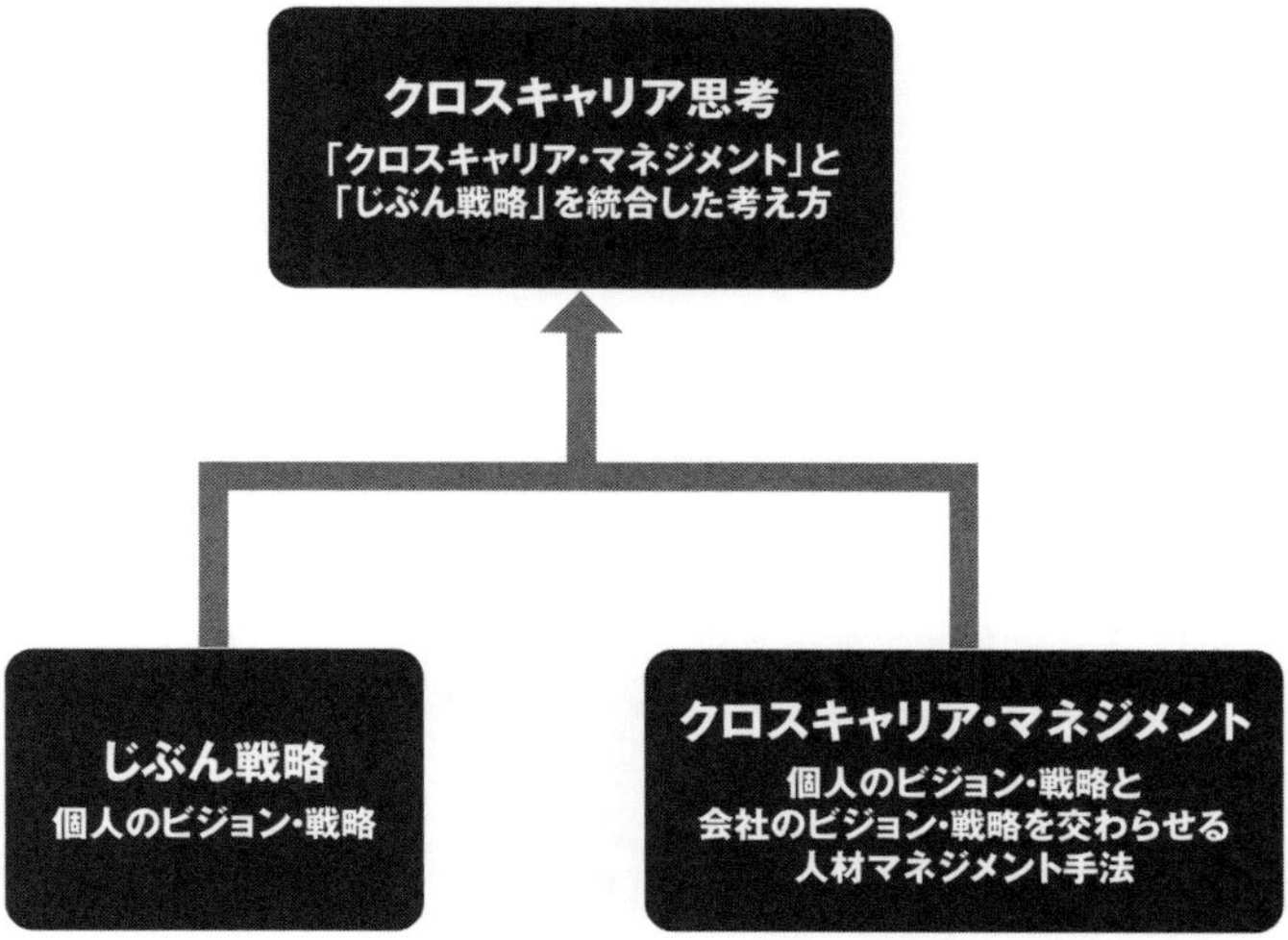
クロスキャリア思考
「クロスキャリア・マネジメント」と
「じぶん戦略」を統合した考え方
じぶん戦略
個人のビジョン・戦略
クロスキャリア・マネジメント
個人のビジョン・戦略と
会社のビジョン・戦略を交わらせる
人材マネジメント手法

「じぶん戦略」とは?

「じぶん戦略」とは、「自分がやりたいことは何か、そしてどうやってそれを実現するか」を明確にするプログラムです。

自分が本当にやりたいことが何かわからないという人も、多いのではないでしょうか? それは当然です。学校や会社では「やりたいこと」の見つけ方を教えてくれないからです。

「じぶん戦略」では、自分がやりたいことは何かを今まで考えたことがない人でも、順を追って取り組むことで、「やりたいこと」が見つかるようになっています。このプログラムは、「クロスキャリア思考」を身につけるための基盤となります。

「会社がやりたいこと」と「自分がやりたいこと」をクロスさせるためには、まず「じぶん戦略」を立てることが必要です。

「じぶん戦略」については、第1章から第6章で詳しく紹介していきます。

「クロスキャリア・マネジメント」とは？

「クロスキャリア・マネジメント」とは、「社員一人ひとりがやりたいことを実現しつつ、会社のやりたいことを実現する」マネジメント手法です。

社員一人ひとりのやりたいことと、会社のやりたいことの両立なんてできるのか。そのように思われるかもしれません。

これまでの考え方では、確かに難しいと思います。これを実現するために考えたのが、「クロスキャリア・マネジメント」です。

一方で、社員一人ひとりがみな、やりたいことを持っているわけではありません。

「クロスキャリア・マネジメント」を行うためには、「じぶん戦略」も必要です。「じぶん戦略」と「クロスキャリア・マネジメント」が合わさることで初めて、社員と会社双方のやりたいことを実現できる組織が生まれます。

「クロスキャリア・マネジメント」については、第7章で詳しく紹介します。

column

社員のキャリアを重視する企業が増えている

最近、社員一人ひとりのキャリアに注目する企業が増えてきています。

昔の会社では、社員全員が同じ方向を向いて働くことが大切でした。つまり、「会社がやりたいこと」と「社員がやりたいこと」を一致させることが重要だったのです。

しかし、今では会社も社員も常に変化し続けています。ですから、「会社がやりたいこと」と「社員がやりたいこと」をずっと一致させ続けるのはほとんど不可能です。

さらに、昔は多くの社員が「出世」や「昇給」を目指していましたが、今では「ワークライフバランス」や「やりがい」、「社会的意義」など、求めるものが多様化しています。

こうした時代に、会社のビジョンだけを押しつけると、優秀な社員はどんどん辞めてしまいます。優秀な人材を採用し、会社で活躍し続けてもらうためには、社員のキャリアにも目を向ける必要があります。これが、社員のキャリアに注目する企業が増えている理由です。

私たちの人事・キャリアコンサルティングでも、自社のビジョンを実現するための人材を採用・育成するだけでなく、社員一人ひとりのビジョンにも注目し、その実現をサポートする企業が増えています。これにより、働く人たちから「選ばれ続ける会社」を目指す企業が増えているのです。

第1章

「じぶん戦略」の全体像

「じぶん戦略」策定フレームワーク

「じぶん戦略」とは、**自分の「やりたいこと」を見つけ、それを実現するための戦略**のことです。

そもそも、じぶんの戦略ってどうやって立てたらいいのでしょう?

近年さまざまな書籍やサービスが出てきているものの、意外と「これが決定版!」と言えるようなものはないように見受けられます。

そこで私たちは、これまでのコンサルティングの経験から、企業の戦略策定の考え方をそのまま使えばいいのではないかと考えました。

そこで生み出されたのが、「じぶん戦略」策定フレームワークです。

フレームワークとしての基本構造は非常に単純で、「自分のビジョンと現在地の差分を埋めるのが戦略である」という考え方に基づいています。

そこに、「戦略の方向性を定めるための価値観」と「実現につなげるためのアクションプラン」がくっついて、このフレームワークを構成しています。

それでは、フレームワークの5つのステップを簡単にご説明します。

「じぶん戦略」策定5ステップの概要

ステップ1　「価値観」

まずはこれまでの人生を振り返り、あなたの「価値観」を明らかにします。

これまでの人生においてあなたに影響を与えた出来事を書き出して、その出来事によって現在のあなたの中にどのような「価値観」が形成されたのかを明らかにしていきましょう。

ステップ2　「ビジョン」

次に、「ビジョン」を定めます。

本書ではビジョンを**「思いつく限り最高の未来像」**と定義しています。

あなたが実現したい、想像するだけで胸が高鳴るような「最高の未来像」を描いてみましょう。

ステップ3　「現状認識」

ステップ3では、「現状認識」し、あなたの「現在価値」を把握します。現在価値とはつまり、あなたの「強み」と「弱み」です。「強み」と「弱み」を知ることで、とるべき戦略が見えてきます。

ステップ4　「戦略」

いよいよ「戦略」づくりです。

これまでのステップで得られたすべてを使って、「思いつく限り最高の未来像」を実現するための具体的な方法を考えましょう。

ステップ5　「アクションプラン」

どんな戦略も、考えているだけでは絵に描いたモチになってしまいます。

最後に「じぶん戦略」を実行するための具体的なアクションプランを立てましょ

う。

次ページの図は、この5つのステップを表したものです。

第2章以降、各ステップをさらに詳しく解説していきます。

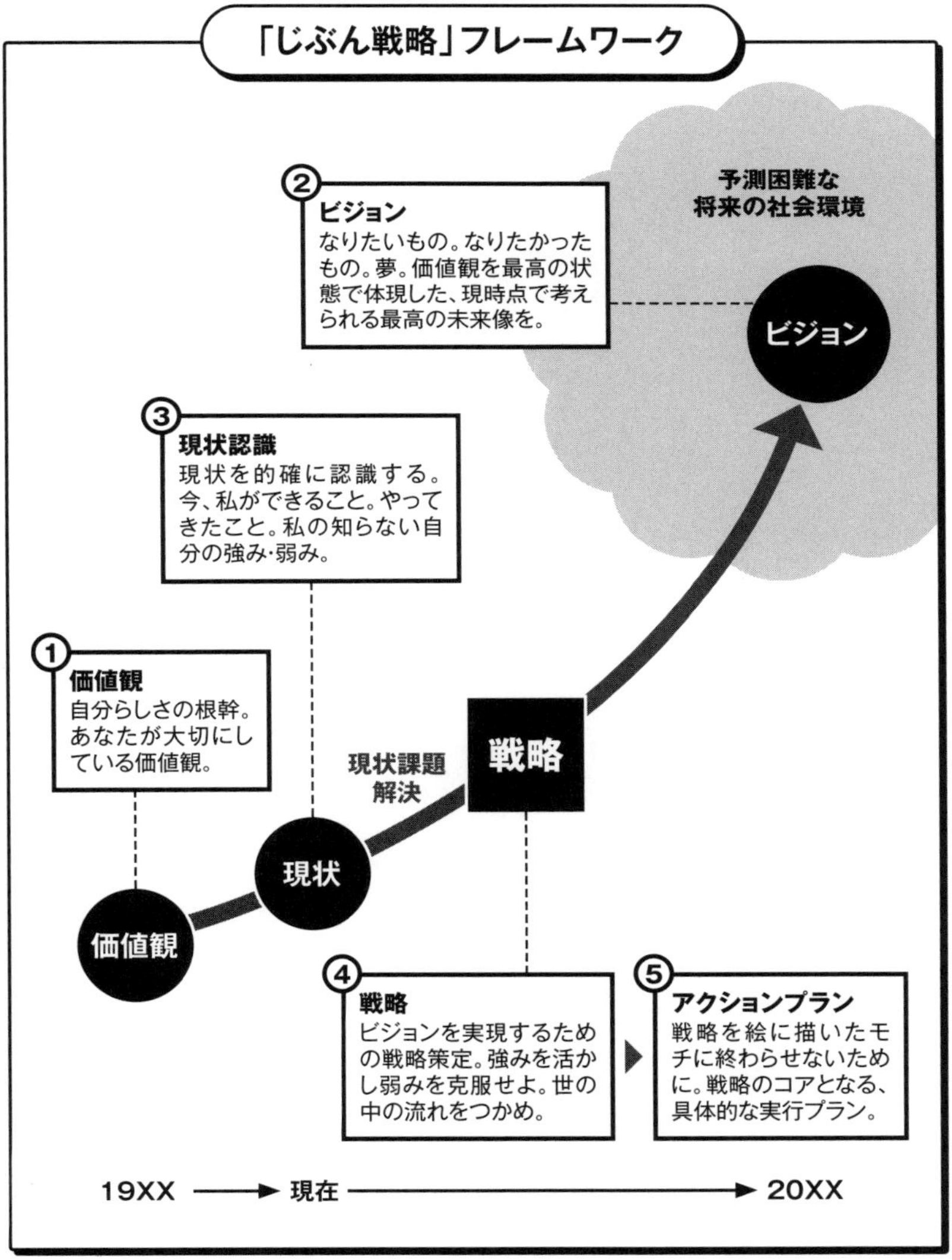
「じぶん戦略」フレームワーク
予測困難な
将来の社会環境
②ビジョン
なりたいもの。なりたかったもの。夢。価値観を最高の状態で体現した、現時点で考えられる最高の未来像を。

ビジョン
③現状認識
現状を的確に認識する。今、私ができること。やってきたこと。私の知らない自分の強み・弱み。
①価値観
自分らしさの根幹。あなたが大切にしている価値観。
現状課題
解決
戦略
現状
価値観
④戦略
ビジョンを実現するための戦略策定。強みを活かし弱みを克服せよ。世の中の流れをつかめ。
⑤アクションプラン
戦略を絵に描いたモチに終わらせないために。戦略のコアとなる、具体的な実行プラン。
19XX
現在
20XX

「じぶん戦略」を立てると、どうなるの？

ここまで読んで「けっこう大変そうだな」「考えることが多くて面倒くさそう」「大変な思いまでして何が得られるんだろう？」と思った方もいるかもしれません。

そこで、「じぶん戦略」を策定・実行すると、どんないいことがあるのかをお伝えします。

メリット（1）やりがいを感じながら、幸せに働ける

一つめは、やりがいを持って幸せに働けることです。

多くのビジネスパーソンを見てきた私たちが確信しているのは、**「仕事での幸せは、やりがいを持って働いているかどうかで決まる」**ということです。

年収や職場環境だけではなく、**「やりたいことができているかどうか」が、働く人**

の幸福度を左右します。

しかし、多くの人は**「自分がやりたいこと」がはっきりしていないため、その実現方法がわかりません。**「じぶん戦略」を立てることで、やりたいことが具体的に見えるようになり、それに向けて的確な努力ができます。

これにより、仕事が楽しくなり、評価も上がるでしょう。

また、「何のために」「どこで」「何をしている」のが理想的かがわかれば、新しいプロジェクトに参加したり、異動願を出したりすることで、希望に近い仕事ができるようになります。

メリット（2）変化に強い人材になれる

2つめは、変化に強い、市場価値の高い人材になれることです。

「じぶん戦略」を立てることで、会社に所属する理由が、「他に選択肢がないから」や「お金を稼げるから」から、**「自分のビジョンの実現にメリットがあるから」**に変わります。

これにより、会社の中で部署がなくなったり、会社が潰れたり、リストラされたなどの変化があったとしても、「ビジョンを実現する手段が変わっただけ」と捉えることができます。

「じぶん戦略」があることで、自分のビジョンを実現するためにどんな仕事でもポジティブに取り組むことができ、会社に依存しない生き方ができるのです。

メリット(3)自信をもつことができる

3つめは、何事にも自信をもって取り組めるようになるということです。

「自分の強みってなんだろう?」「自分のやりたいことがわからない」という悩みを抱えて、自信をなくしている人は多くいます。

「じぶん戦略」を策定するプロセスにおいて、**自分の強みややるべきことが明確になり、何事にも自信をもって取り組むことができるようになります。**

これができれば、あとは行動するだけです。**理想の未来に向かって着実に歩んでいけるでしょう。**

本書に記載されたすべてのワークシートは巻末のQRコードよりダウンロードできます。ぜひ、実際に手を動かしながら読み進めてみてください。

第2章

ステップ1
価値観

「じぶん戦略」フレームワーク

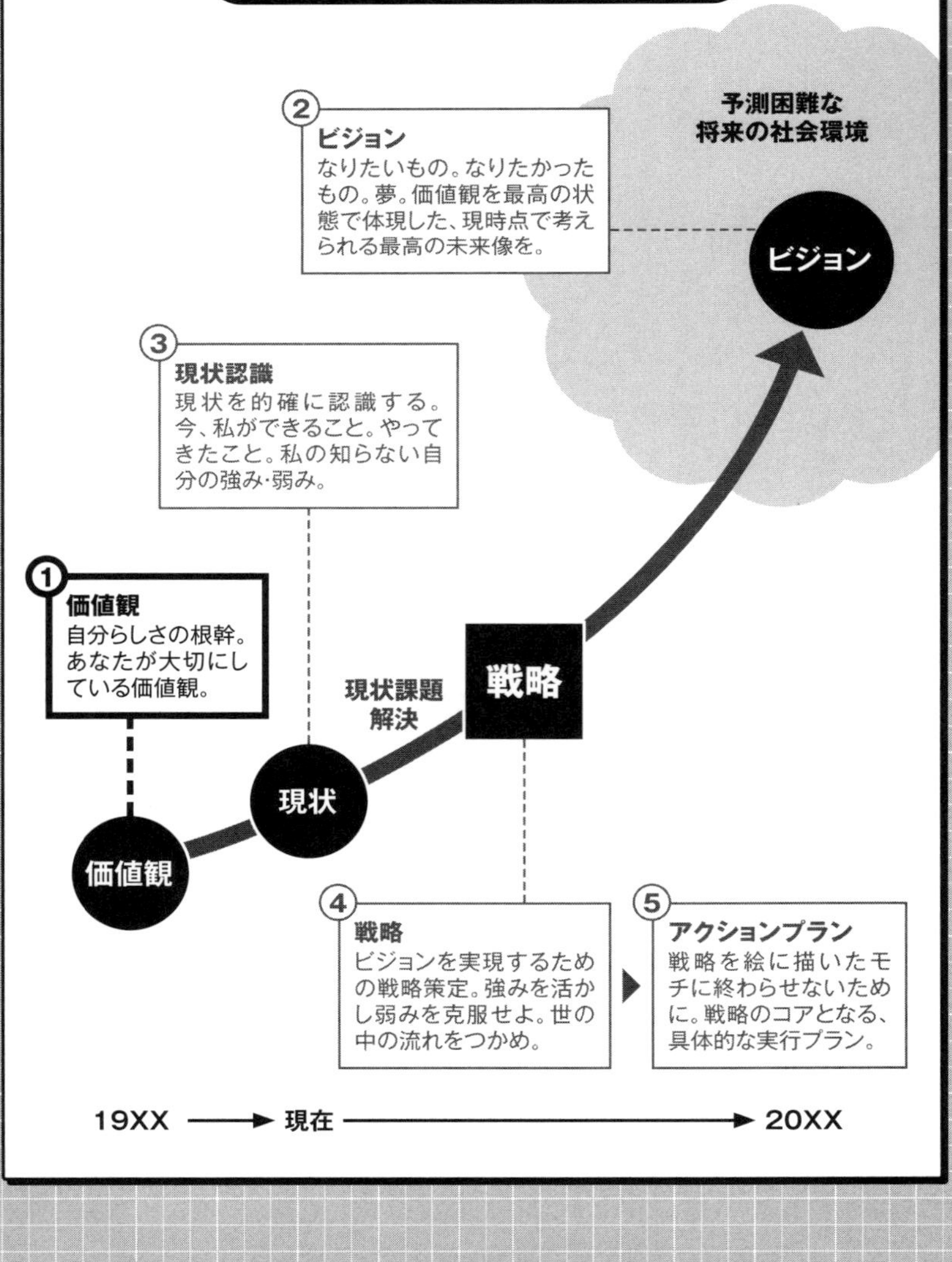

「価値観」とは何か？

「価値観」とは、私たちが何を大切に思い、どんな基準で物事を判断するかを示すものです。これらは、私たちの日々の選択や行動に影響を与えます。自分のもつ「価値観」を明らかにすることで、自分が本当に大事にしているものがわかり、より一貫した行動や決断ができるようになります。これにより、目指すべきゴールや達成したいことが明確になり、人生の方向性がはっきりするのです。

「じぶん戦略」と「価値観」

そもそも「じぶん戦略」を策定するにあたり、なぜ自分の「価値観」を明らかにする必要があるのでしょうか？

ワークに取りかかる前に、その理由を登山にたとえて説明します（35ページ・**図2**

‐1）。

あなたはある山への登頂を目指しています。
山頂に到達するためのルートは3つ。階段で最短距離を山頂まで行けるルートA。回り道だけどきれいな景色が楽しめるルートB。険しい崖を登らないと山頂に行かれないルートC。

これらのルートのうち、どのルートを選ぶかは、**最終的には、あなたの「価値観」によって決められることになります。**

「とにかく時間を大切にしたい」価値観の人であればルートA。「山は景色を楽しんでナンボ」という人はルートB。「できるだけ難しいルートで登りたい」人はルートCを選ぶでしょう。

どの価値観を持つ人も、目指すゴール（山頂）は同じですが、**価値観の違いで、選**

▶図2−1　山登りの価値をどこに置くかで山頂までのルートも変わる

ぶルートは大きく変わってくるのです。

さらに言うと、「価値観」が違えば、目指すゴールそのものも変わるでしょう。近隣の山に登りたいと思う人もいれば、雪山を目指す人もいるかもしれません。「価値観」は、目指すゴールや達成したいビジョンを大きく左右します。

まとめると、「価値観」は、次の2つを決める指針となります。

- **どのような「ビジョン」を目指すのか**
- **どのようなルートで「ビジョン」を実現するのか**

「じぶん戦略」を策定するために、「価値観」は大変重要な役割を担っているのです。

「価値観」を答えられる人はあまりいない？

自分の人生にとって重要なものであるにもかかわらず、「あなたの『価値観』はなんですか？」と聞かれて、すぐに答えられる人は少ないのではないでしょうか？

それもそのはずで、多くの人が小さい頃から自分の「価値観」について振り返ったり分析したりする機会はほとんどないため、答えられなくて当然です。

本書では、そんな人でも自分の「価値観」を見つけられる方法をご紹介します。

「価値観」の見つけ方

それでは、自分の「価値観」を見つける「価値観ワーク」について紹介していきます。

大まかな流れは、次の2ステップです。

（1）自分の人生を振り返る
（2）「価値観」を分析する

一つずつ見ていきましょう。

価値観ワーク（1）自分の人生を振り返る

まずは、「これまでの人生のイベントを書き出す」パート、つまり**人生の棚卸し**です。

人生の棚卸しをするための項目

「これまでの人生のイベントを書き出してください」と言われると、どのようなことが思い浮かぶでしょうか。受験に合格したこと？　失恋したこと？　就職活動に失敗したこと？　子どもが生まれたこと？

多くの人が、こういった人生における大きなイベントを思い浮かべます。でも、あなたの人生はそれだけではありません。

では、他にどのようなことがあるでしょうか？

私たちは、人生の棚卸しを簡単にするためのフレームワークを用意しました（44～45ページ・**図2－2**）。

影響を受けたコト・ヒト・モノ

あなたの人生に影響を与えた映画や本などはないでしょうか？　あなたの人生を変えてくれた人はいませんか？　あなたの考え方を変えた世の中の出来事は？

このような、影響を受けたコト・ヒト・モノも、あなたの人生に欠かせない要素です。

主な出来事や転機、成功体験、失敗体験

みなさんの人生で起こった、さまざまなイベントや事件がこれにあたります。

特に、イベントの中で成功・失敗と捉えたものを、各々成功体験・失敗体験として区分しています。

これらの要素を使って、人生の棚卸しをしていきます。

「ライフラインシート」の記入

いよいよ人生を棚卸しする「ライフラインワーク」です。「ライフラインシート」（44～45ページ・**図2－2**）で、あなたの人生を振り返っていきましょう。

「ライフラインシート」の縦軸には先ほどの4つの切り口が、横軸には年代が書かれています。

サンプルの「ライフラインシート」では、年代をおおよそ3年刻みで区分していますが、好きなように変更してかまいません。

また、年代の名称についてもサンプルでは「幼児期」「小学校低学年」「小学校高学年」「中学校」「高校」などとしていますが、ここも記入しやすいように変更してください。「暗黒の中学時代」「キラキラ新入社員時代」などとキャッチコピーをつけても面白いと思います。ぜひ、楽しんで書いてみてください。

そして、年代ごとに縦軸の各項目をどんどん埋めていきます。

幼児期の欄をすべて埋めてから小学校低学年欄に、その後は小学校高学年欄にと年代ごとに書くもよし。思い出しやすい時代から書き始めるもよし。影響を受けた人から先に書き始めるもよし。あなたが思い出しやすいやり方で、記入してみてください。

できる限り細かく、じっくり思い出しながら書いてください。

図2‐2の「Aさんの記入例」を載せました。見ていただくと、「こういうふうに書いていけばいいのか」とイメージが湧くのではないでしょうか。

ここで注目してほしいのは、13～15歳のときの「成功体験」と「失敗体験」の両方に「高校受験失敗」が挙げられていることです。

一つの出来事は、捉え方によっては、「成功体験」と言うこともできれば、「失敗体験」と言うこともできます。

高校受験に失敗したことは、一般的には「失敗体験」とされるでしょう。ただ、例えばこの経験をもとに「いくら努力しても、うまくいかないこともある」という教訓を得て、その教訓がのちの人生に活かされているなら「成功体験」と捉えることもできるはずです。

ぜひ、印象的だった出来事をいろいろな側面から眺めてみてください。

私もそうでしたが、このシートを書きながら自分の人生を振り返っていると、いろいろな思い出が浮かんでくるでしょう。「あんなこともあったな、こんなこともあったな」と楽しみながら取り組んでみてください。

16-18 高校	19 浪人	20–24 大学	25-28 社会人

16-18 高校	19 浪人	20–24 大学	25-28 社会人
ギターを始める	予備校へ	留年 バイト（コンビニ・家庭教師） 就職活動	
	予備校の先生	就活で行った自己分析	
		見事第一志望に合格	
	大学受験に失敗	バンドにのめりこみ留年 就活で大苦戦	

▶図2−2　ライフラインシート

年代（歳）	0-6 幼児期	7-9 小学校低学年	10-12 小学校高学年	13-15 中学校
主な出来事				
影響を受けたコト・ヒト・モノ				
成功体験				
失敗体験				

▼

［Aさんの記入例］

年代（歳）	0-6 幼児期	7-9 小学校低学年	10-12 小学校高学年	13-15 中学校
主な出来事	みんなにかわいがられる	転勤で小学校を転々とする 新聞係になる	いじめにあう	洋楽を聞き始める
影響を受けたコト・ヒト・モノ		小学校の先生		中学校の先生
成功体験				高校受験失敗
失敗体験			先生に叱られる	高校受験失敗

column

成功体験？　失敗体験？

「成功体験」と「失敗体験」について、何をもって成功・失敗とするのかは、実はけっこう難しい問題です。

例えば、高校生時代の失恋は、当時のあなたにとっては失敗体験かもしれません。でもその後、大学生や社会人になって素敵な恋人と出会えたとき、高校時代の失恋は**「素敵な恋人と出会うために必要な別れ＝成功体験」**ともなるのです。

成功か失敗かで悩んだときは、まずは成功か失敗かのどちらか（または両方）に書いておいて、どんどん作業を進めていきましょう。

価値観ワーク（2）「価値観」を分析する

次はいよいよ「価値観ワーク」です。棚卸した人生のイベントを通じて、あなたの「価値観」を探ってみましょう。

一つのイベントが起こったとき、そこには必ずあなたの感情や行動があったはずです。その感情や行動の背景には何があったのでしょう？　それは、あなたのありたい姿、あなたが大切にしている考え方ではないでしょうか。

ありたい姿にかなう出来事が起こったとき、あなたのありたい姿とは異なる出来事が起こったとき、あなたの感情が揺さぶられ、行動が起こるのです。

それらを踏まえ、イベントから「価値観」を導出するワークシートを作成しました（49ページ・**図2-3**）。このワークシートを使って、あなたの「価値観」を分析していきましょう。

まずは「ライフラインシート」に書き出したイベントの中から、今のあなたの「価値観」に最も影響を与えたと感じる出来事を、「イベント」欄に4つピックアップしてください。

続いて「感情・行動」欄に、それぞれのイベントが起こったときのあなたの感情と行動を書き出します。

さらに、その感情や行動が生じた背景には、どのような「ありたい姿」や「ニーズ」があったのかを、記載してみてください。

▶図2−3　今の自分に影響しているイベント

イベント	感情・行動	ありたい姿・ニーズ	Before/After	価値観
1				1
				2
				3
2				1
				2
				3
3				1
				2
				3
4				1
				2
				3

「Before/After」欄には、そのイベントでもたらされた考え方の変化や、行動の変容を書きます。

最後は「価値観」欄です。イベントによって影響を受けた結果、現在のあなたに残った「価値観」を54～55ページのリストから3つずつ選んでください。他のイベントの「価値観」と重複してもかまいません。

図2-4は、図2-2で紹介したAさんの記入例です。

▶図2−4　今の自分に影響しているイベント（Aさんの記入例）

イベント	感情・行動	ありたい姿・ニーズ	Before/After	価値観
いじめにあう（小学校高学年）	● 感情：悲しみ、怒り、悔しさ ● 行動：あえて明るく振る舞う、気づかないふり	● ありたい姿：明るくて強い自分、みんなに好かれている自分 ● ニーズ：自分で認めたくなかった（プライド）、自分を好きでいてほしい	● 過去を捨て新しい環境・世界を作る ● 付き合う人をこちらから選ぶようになった ● 選ばれる側から選ぶ側へ	1　冒険 2　寵愛 3　自尊

この例で取り上げたイベントは、「いじめにあう」です。

Aさんは、いじめにあい、悲しみ、怒り、悔しさを覚えたものの、その感情に気づかないふりをして、あえて明るく振る舞いました。

なぜ明るく振る舞ったのか。それは、ありたい姿が「明るくて強い自分」「みんなに好かれている自分」だったからです。ニーズとしては「いじめにあっていることを自分で認めたくない」「自分を好きでいてほしい」が挙げられました。

そして、この経験をもとに「過去を捨て新しい環境・世界を作る」「付き合う人をこちらから選ぶようになった」「選ばれる側から選ぶ側へ」という変化を経験しました。

これらの内容をもとに「価値観」を分析した結果、「冒険」「寵愛」「自尊」となりました。

4つのイベントに対してすべての項目を入力したら、「価値観ワーク」は完了です。

独立	他者に依存しないで生きる	権力	他人をコントロールする
勤勉	自分の仕事を一生懸命に取り組む	目的	人生の意味と方向性を定める
平安	自分の内面の平和を維持する	合理	理性と論理に従う
親密	プライベートな体験を他人とシェアする	現実	現実的、実践的にふるまう
正義	すべての人を公平に扱う	責任	責任をもって行動する
知識	価値ある知識を学ぶ、または生み出す	危険	リスクを取ってチャンスを手に入れる
余暇	自分の時間をリラックスして楽しむ	恋愛	興奮して燃えるような恋をする
寵愛	親しい人から愛される	安全	安心感を得る
愛慕	誰かに愛を与える	受諾	ありのままの自分を受け入れる
熟達	いつもの仕事・作業に習熟する	自制	自分の行動を自分でコントロールする
現在	いまの瞬間に集中して生きる	自尊	自分に自信を持つ
適度	過剰を避けてほどよいところを探す	自知	自分について深い理解を持つ
単婚	唯一の愛し合える相手を見つける	献身	誰かに奉仕する
反抗	権威やルールに疑問を持って挑む	性愛	活動的で満足のいく性生活を送る
配慮	他人を心づかって世話すること	単純	シンプルでミニマルな暮らしをする
開放	新たな体験、発想、選択肢に心を開く	孤独	他人から離れて一人でいられる時間と空間をもつ
秩序	整理されて秩序のある人生を送る	精神	精神的に成長し成熟する
情熱	なんらかの発想、活動、人々に深い感情を抱く	安定	いつも一定して変化のない人生を送る
快楽	良い気分になること	寛容	自分と違う存在を尊重して受け入れる
人気	多くの人に好かれる	伝統	過去から受け継がれてきたパターンを尊重する

▶図2−5　自分を形づくる価値観の例

受容	ありのままの自分を受け入れてもらう	調和	周囲の環境と調和しながら生きる
正確	自分の意見や信念を正しく伝える	興奮	スリルと刺激に満ちた人生を送る
達成	なにか重要なことを達成する	貞節	パートナーにウソをつかず誠実に生きる
冒険	新しくてワクワクする体験をする	名声	有名になって存在を認められる
魅力	身体的な魅力を保つ	家族	幸福で愛に満ちた家庭をつくる
権威	他者に対して責任を持って指導する	体力	丈夫で強い身体を保つ
自治	人まかせにしないで自分で決める	柔軟	新たな環境にも簡単に馴染む
美的	身のまわりの美しいものを味わう	許し	他人を許しながら生きる
庇護	他者の面倒をみる	友情	親密で助け合える友人をつくる
挑戦	難しい仕事や問題に取り組む	愉楽	遊んで楽しむこと
変化	変化に富んだバラエティ豊かな人生を送る	寛大	自分の物を他人に与える
快適	喜びに満ちた快適な人生を送る	真実	自分が正しいと思うとおりに行動する
誓約	絶対に破れない約束や誓いを結ぶ	信教	自分を超えた存在の意思を考える
慈愛	他者を心配して助ける	成長	変化と成長を維持する
貢献	世界の役に立つことをする	健康	健やかで体調よく生きる
協調	他者と協力して何かをする	有益	他人の役に立つこと
礼儀	他者に対して誠実で礼儀正しく接する	正直	ウソをつかず正直に生きる
創造	新しくて斬新なアイデアを生む	希望	ポジティブで楽観的に生きる
信頼	信用があって頼れる人間になる	謙遜	地味で控えめに生きる
義務	自分の義務と責任を果たす	笑い	人生や世界のユーモラスな側面を見る

第3章

ステップ2 ビジョン

「じぶん戦略」フレームワーク

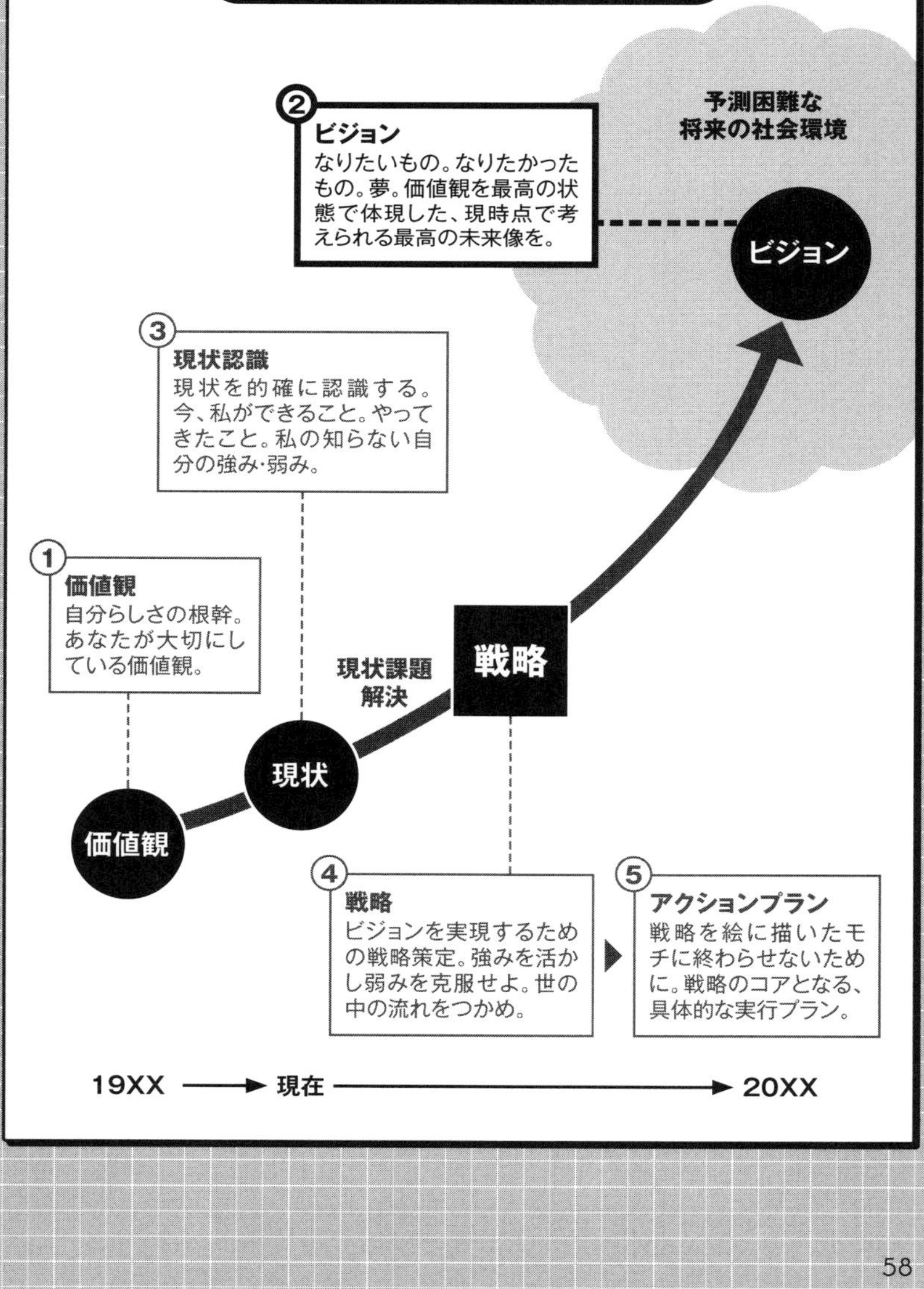

「ビジョン」とは何か？

「ビジョン」とは、**私たちが目指す最高の未来像**のことを指します。「ビジョン」を描くことは、人生の方向性を決定するうえで非常に重要です。しかし、「ビジョン」を考えるとき、多くの人はつい現実的な目標を立ててしまいがちです。

ここでは、その現実的な思考から抜け出し、本当に心からワクワクする「ビジョン」を策定する方法をお伝えします。

まず、「ビジョン」と近未来の目標との違いを理解しましょう。近未来の目標は、手の届く範囲で達成可能なものを指します。例えば、職場での昇進や資格取得、健康的な生活習慣の維持などです。これらは現実的で、短期的な努力で達成できるものです。

しかし、「ビジョン」はもっと壮大で、長期的な未来を見据えたものです。「ビジョン」は、今の自分の能力や環境にとらわれず、思いつく限り最高の未来を描くことが求められます。


「ビジョン」を策定する際のポイントは、**現実的な制約を一切取り払う**ことです。自分の現状や過去の経験に基づいて「これならできそうだ」と考えるのではなく、「本当にやりたいこと」「心からワクワクすること」をもとに「ビジョン」を描きましょう。例えば、世界中を旅しながら働く、自分の作品で人々に感動を与える、環境問題を解決するための大きなプロジェクトに参加する、といった具合です。

このような壮大なビジョンを持つことで、日常の行動や選択が変わり始めます。「ビジョン」が具体的であればあるほど、それに向かって進むための戦略を立てることができます。

重要なのは、その「ビジョン」が実現可能かどうかを最初に考えないことです。むしろ、「どうすれば実現できるか」を後から考えるのです。これにより、普段の自分では思いつかないような斬新なアイデアや方法が浮かんでくることがあります。

また、「ビジョン」を持つことで、周囲の人々にも影響を与えることができます。あなたの「ビジョン」に共感し、協力を申し出てくれる人々が現れるでしょう。大きな「ビジョン」は一人で実現するのは難しいかもしれませんが、多くの人と協力することで、実現の可能性が高まります。

「ビジョン」は単なる夢物語ではありません。それは、自分の人生における羅針盤となり、行動の指針となるものです。現実的な目標とは異なり、「ビジョン」はあなたの心を揺さぶり、人生を豊かにする力を持っています。だからこそ、現実にとらわれず、思いつく限り最高の未来像を描いてください。

「ビジョン」の見つけ方

現実的な制約を一切取り払って、壮大な「ビジョン」を作成するにはどうしたらいいのでしょうか?

通常の「ビジョン」策定では、今のあなたの「強み」や経験をもとに膨らませていくようなアプローチをとることが多いのですが、それでは現実の制約を取り払うことができません。今の「強み」につながりのない「ビジョン」は、それでは出てこないからです。

では、あなたが本当にやりたいことを引き出すためには、何をよりどころとしたらいいのか。それが「価値観」です。

ここからは「価値観」から「ビジョン」を見つける方法をお伝えしていきましょう。

「ビジョン」と言うと、つい仕事のことを思い浮かべる人が多いかもしれません。でも、人生って仕事だけじゃありません。人生はパッチワークのようなもので、仕事はそのパッチの一つにすぎません。そこで私たちは人生を「仕事」「人間関係」「学習・スキル」「その他」の4つの役割に整理しました。

この4つの役割で、あなたの価値観が最高に実現された状態を考えていくことが、あなたのビジョンを見つけるための一番の近道です。

ビジョンワーク（1）「価値観」を膨らませる

それでは、実際にワークシートを使ってあなたの「ビジョン」を見つけにいきましょう。

まず、第2章で書き出したあなたの「価値観」を思い出してください。それらのうち8つを、図3-1の「ビジョン・マンダラート」に書き入れます。「価値観1~8」の枠を用意していますので、優先度の高い「価値観」から順に、それぞれの枠の中央の四角の中に書いていきましょう。

価値観のまわりには、先ほど述べた人生の4つの役割「仕事」「人間関係」「学習・スキル」「その他」の箱があります。「価値観」の記入が終わったら、それぞれの価値観を最高に体現したときの具体的なイメージを、この4つの箱に書き込んでいきましょう。

それぞれの箱の書き方について、もう少し詳しくお話しします。

・**仕事**：その「価値観」を「仕事」という役割で最高の状態で実現している姿を書きます。具体的には、どんな人と、どんなところで？　どんな仕事をしているのか？　をイメージして書きます。

▶図3−1　ビジョン・マンダラート

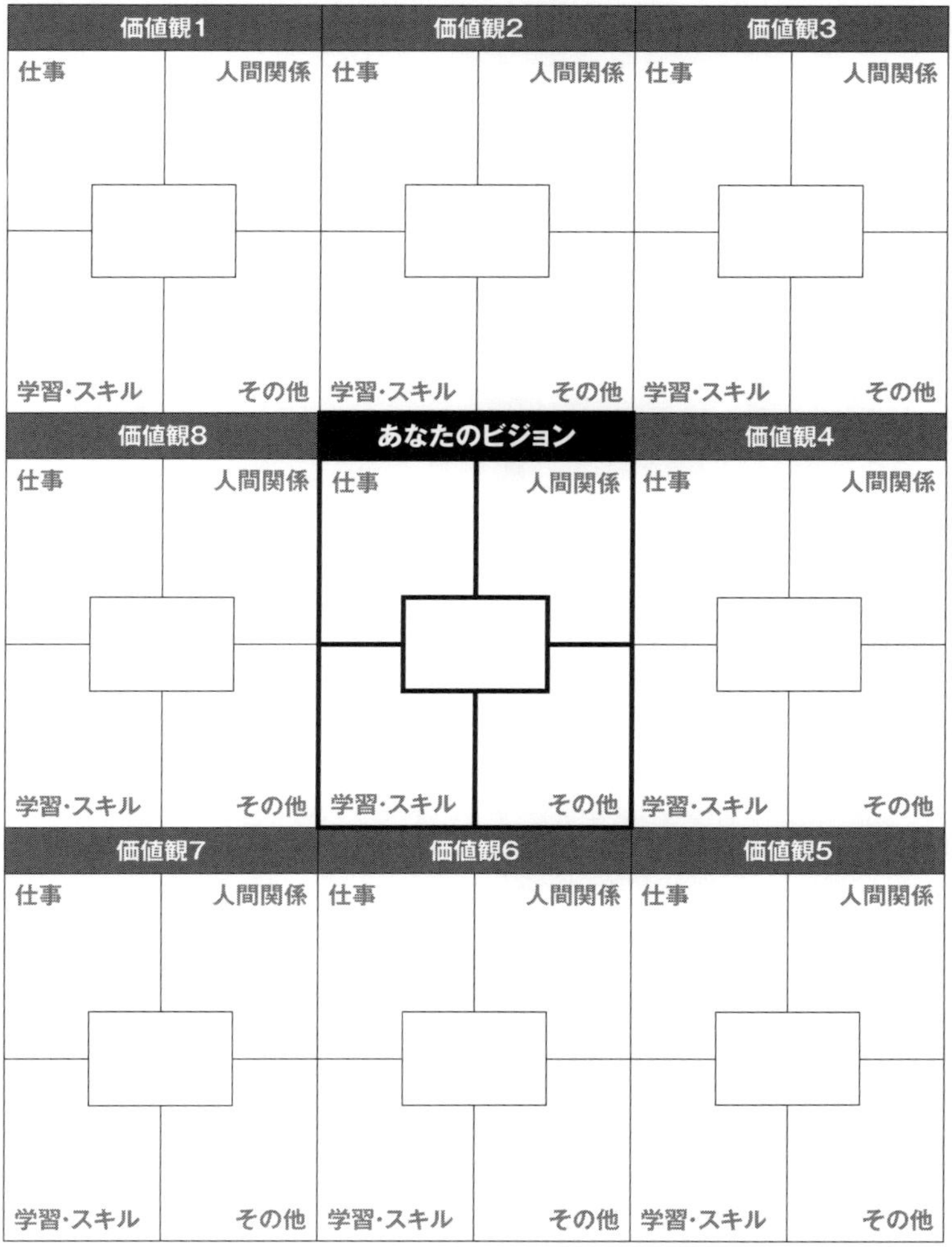
価値観1
仕事
人間関係
学習・スキル
その他
価値観2
仕事
人間関係
学習・スキル
その他
価値観3
仕事
人間関係
学習・スキル
その他
価値観8
仕事
人間関係
学習・スキル
その他
あなたのビジョン
仕事
人間関係
学習・スキル
その他
価値観4
仕事
人間関係
学習・スキル
その他
価値観7
仕事
人間関係
学習・スキル
その他
価値観6
仕事
人間関係
学習・スキル
その他
価値観5
仕事
人間関係
学習・スキル
その他

・**人間関係**：その「価値観」を「人間関係」という役割で最高の状態で実現している姿を書きます。具体的には、親兄弟やパートナーとの関係は？　子どもはいる？　どんな人間関係を築けていたら最高？　などをイメージして書きます。仕事で書いたイメージを実現するために必要な人間関係についても考えてみてください。

・**学習・スキル**：その「価値観」を「学習・スキル」という役割で最高の状態で実現している姿を書きます。具体的には、学ぶべきこと、知っていること、持っているスキルなどです。仕事や人間関係で必要となる、もしくは仕事や人間関係の結果、得られるであろうスキルや知識についても考えてみてください。

・**その他**：「仕事」以外で、その「価値観」を最高の状態で実現している姿を描きます。具体的には、仕事ではない時間に、どんな人と、どんなことをしている？　どんな過ごし方をしていたら最高？　などをイメージして書きます。

具体的な記入例は、次ページの図3－2を参照してください。

8つの価値観について、それぞれ4つの要素が埋まったら、ビジョンワーク（1）は完了です。

▶図3−2　ビジョン・マンダラートの記入例

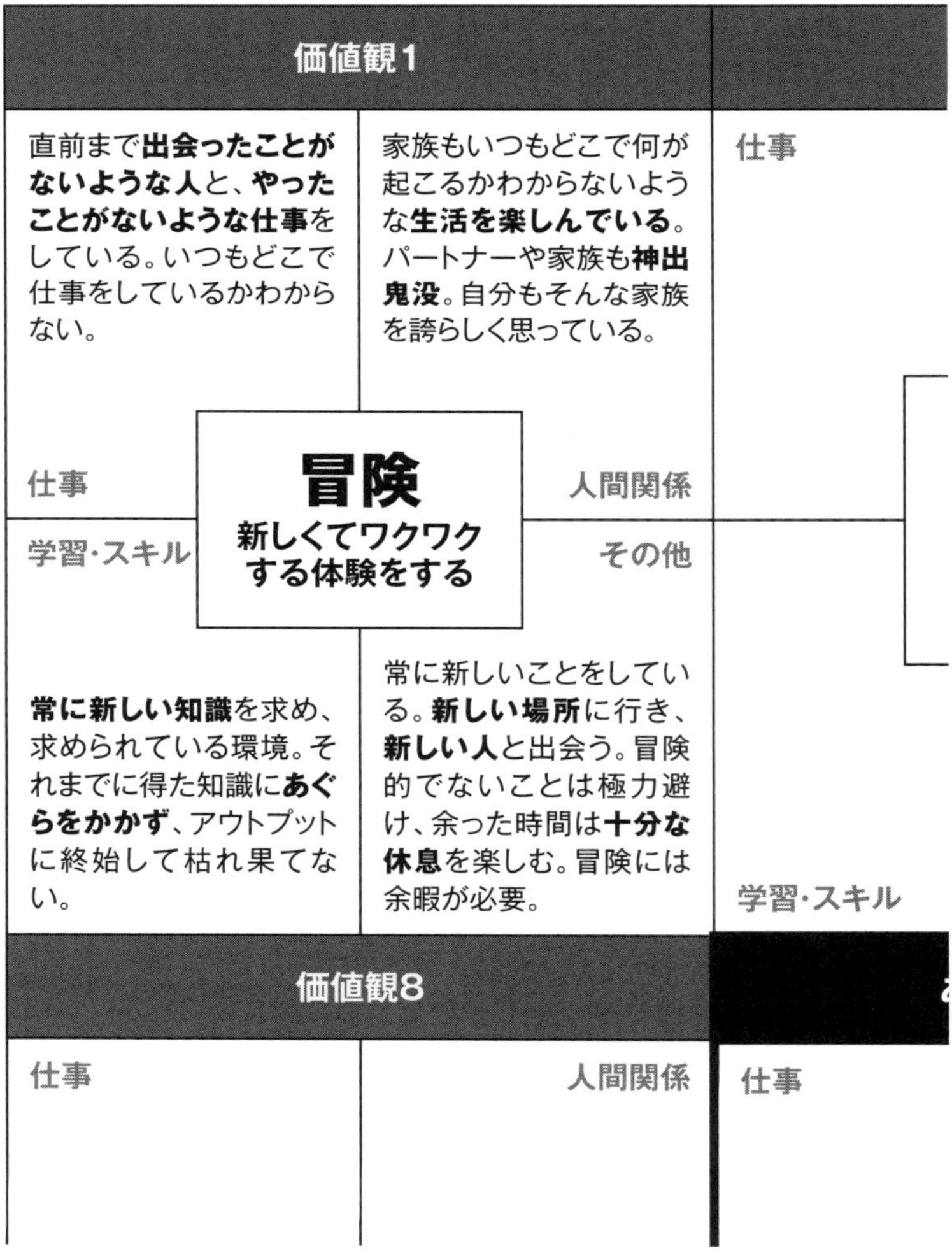
価値観1
直前まで出会ったことがないような人と、やったことがないような仕事をしている。いつもどこで仕事をしているかわからない。
家族もいつもどこで何が起こるかわからないような生活を楽しんでいる。パートナーや家族も神出鬼没。自分もそんな家族を誇らしく思っている。
仕事
人間関係
冒険
新しくてワクワクする体験をする
学習・スキル
その他
常に新しい知識を求め、求められている環境。それまでに得た知識にあぐらをかかず、アウトプットに終始して枯れ果てない。
常に新しいことをしている。新しい場所に行き、新しい人と出会う。冒険的でないことは極力避け、余った時間は十分な休息を楽しむ。冒険には余暇が必要。
仕事
学習・スキル
価値観8
仕事
人間関係
仕事

中央の価値観について、周囲の4視点で最高の状態を記入

ビジョンワーク（2）「ビジョン」にまとめる

次に、8つの「価値観」を膨らませた最高の状態のイメージをもとに、あなたの「ビジョン」をまとめていきましょう。

先ほどのワークシートの真ん中には、「あなたのビジョン」の枠があります。この枠の中央にあなたのビジョンを象徴する「ビジョン・ワード」を書く場所があります。この「ビジョン・ワード」もまわりの「価値観」と同様、4つの役割の箱に囲まれています。この4つの箱を埋めていきましょう。

まずは「仕事」の箱です。このワークシートには、8つの「仕事」の箱に8つの理想的な姿が書かれているはずです。これら8つの「仕事」欄の内容をあらためて眺めてみて、特に大事だと思う要素、自分の心に響く要素を「ビジョン・ワード」の左上の「仕事」欄に書きます。

同じ手順を「人間関係」「学習・スキル」「その他」についても行い、「ビジョン・ワード」のまわりの4つの枠を埋めます。これが役割ごとのあなたのビジョンとなります（**図3－3**）。

そして最後に、役割ごとの4つの「ビジョン」をまとめた「ビジョン・ワード」を作成します。

「ビジョン・ワード」は、今後の人生においてさまざまな局面で立ち返っていかなければならない言葉となります。そのためには、覚えやすく、印象に残りやすい言葉がおすすめです。ぜひ、お気に入りの「ビジョン・ワード」を考えてみてください。

▶図3−3　ビジョン・ワードの作成

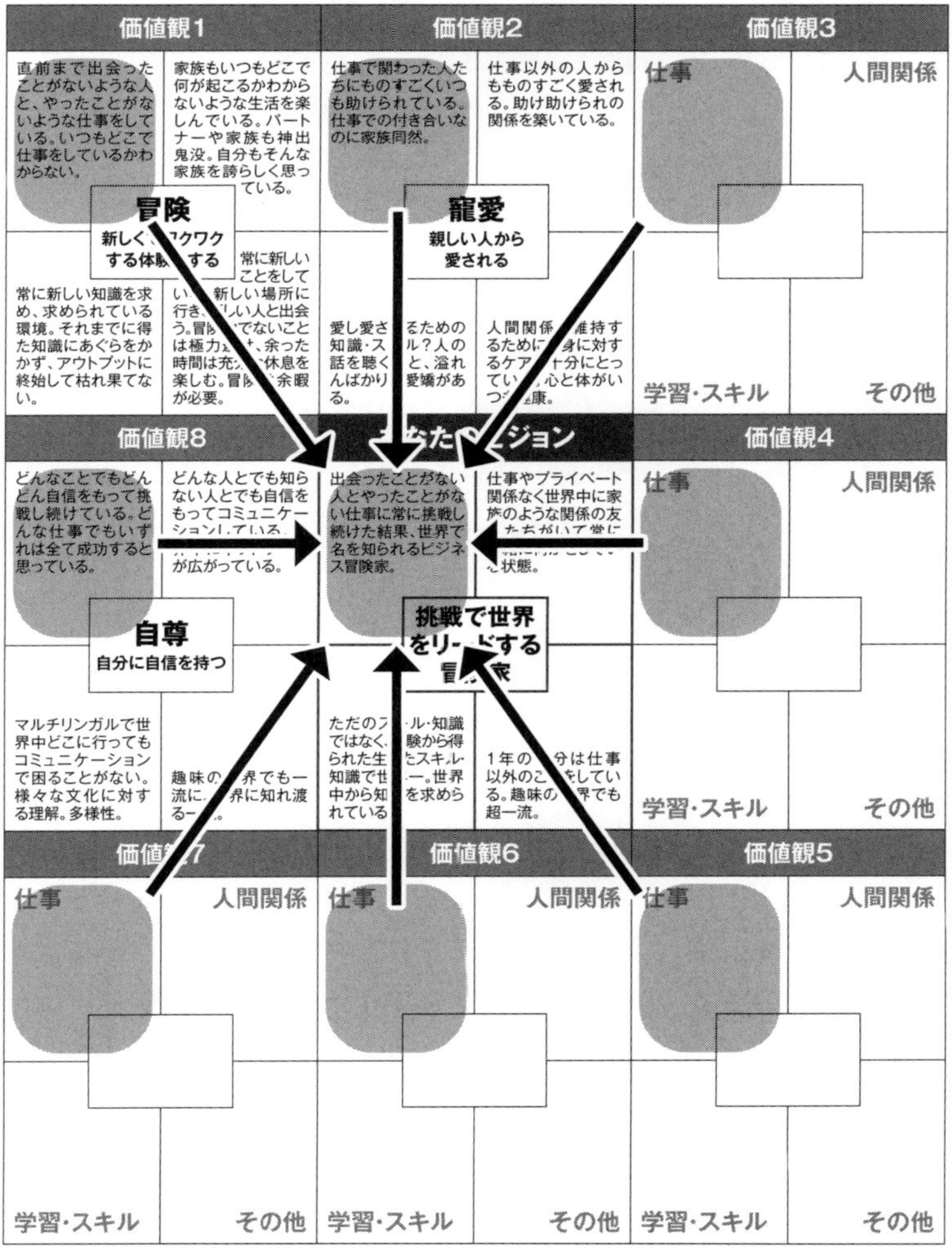
価値観1
直前まで出会ったことがないような人と、やったことがないような仕事をしている。いつもどこで仕事をしているかわからない。
家族もいつもどこで何が起こるかわからないような生活を楽しんでいる。パートナーや家族も神出鬼没。自分もそんな家族を誇らしく思っている。
冒険
常に新しいことをして
常に新しい知識を求め、求められている環境。それまでに得た知識にあぐらをかかず、アウトプットに終始して枯れ果てない。
価値観2
仕事で関わった人たちにものすごくいつも助けられている。仕事での付き合いなのに家族同然。
仕事以外の人からもものすごく愛される。助け助けられの関係を築いている。
寵愛
親しい人から愛される
価値観3
仕事
人間関係
学習・スキル
その他
価値観8
どんなことでもどんどん自信をもって挑戦し続けている。どんな仕事でもいずれは全て成功すると思っている。
が広がっている。
自尊
自分に自信を持つ
マルチリンガルで世界中どこに行ってもコミュニケーションで困ることがない。様々な文化に対する理解。多様性。
出会ったことがない人とやったことがない仕事に常に挑戦し続けた結果、世界で名を知られるビジネス冒険家。
仕事やプライベート関係なく世界中に家
価値観4
仕事
人間関係
学習・スキル
その他
価値観7
仕事
人間関係
学習・スキル
その他
価値観6
仕事
人間関係
学習・スキル
その他
価値観5
仕事
人間関係
学習・スキル
その他

8つの価値観を一つに集約することで、ビジョン・ワードを導き出す

column

自分の「ビジョン」を見つける旅 ――照井直哉

私は建築家の家庭で育ち、ずっと「建築家になること」が夢でした。しかし、大学受験を考えるとき、建築科にまったく興味を持てない自分に気づき、「私が目指すべきは、建築家ではないのかもしれない」と思い始めました。しかし、何になりたいのかはまだわかりませんでした。

就職活動を始める際、過去を振り返り、なぜ建築家になりたかったのかを考えてみました。そこで、建築そのものよりも「何かを創る仕事」に魅力を感じていたことに気づきました。こうして、自分が何を創るのかを探す旅が始まりました。

具体的に何を創るのかはわからなかったので、就職活動ではいろいろな分野に挑戦できそうな企業に入社しました。その後、入社3年目に運命的な仕事に出合いました。それは経営の根幹を創るプロジェクトでした。

がむしゃらに頑張って多くの苦労を乗り越え、プロジェクトを成功させました。喜んでいるクライアントの顔を見たとき、自分が創るべきものは「経営の根幹」だと確信しました。そして、自分の「ビジョン」は「経営の根幹を創ることで、働くすべての人を幸せにすること」だと気づきました。

この「ビジョン」に基づいて、自分に合う企業を渡り歩くことになりました。しかし、世界中の働く人を幸せにするという「ビジョン」を達成するには、一つの企業を変えるだけでは足りないことに気づきました。そこで、「ビジョン」を「自らの力で、経営の根幹を創ることで、働くすべての人を幸せにする」に変更し、独立しました。

現在でも、さまざまなアプローチで多くの企業の経営の根幹づくりに邁進しています。「ビジョン」が明確になることで、自分がやるべき仕事も明確になります。後述するSWOT分析を行う際も、根幹となるのは「ビジョン」です。「ビジョン」は大事です。頑張ってビジョンを立ててください。

第4章

ステップ3
現状認識

「じぶん戦略」フレームワーク

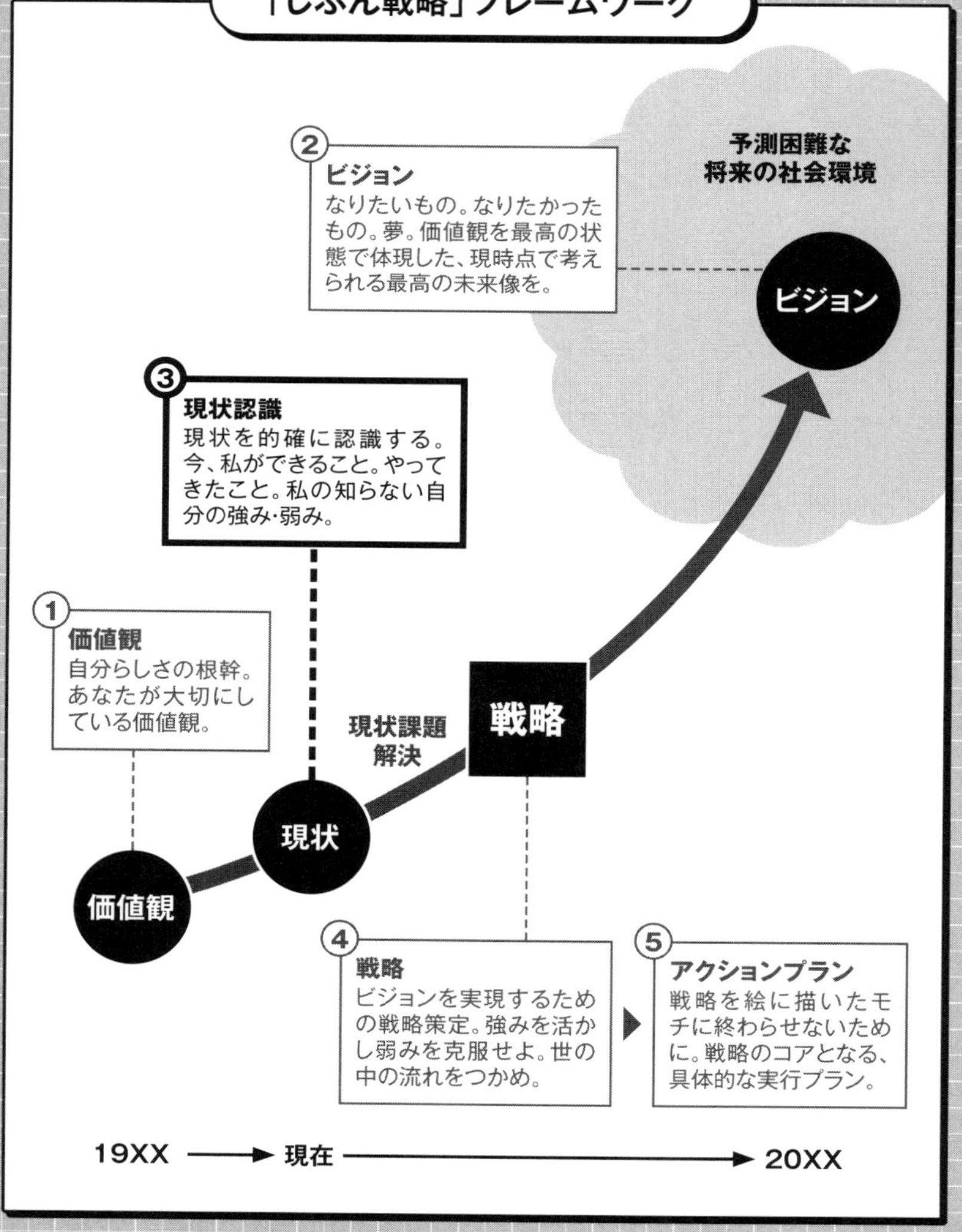

「現状認識」とは何か？

「ビジョン」に向かうための戦略を立てるには、自分の現状を明確にしておく必要があります。なぜなら、**Aという現状にいる人とBという現状にいる人では、ゴール（ビジョン）が同じだったとしても、とるべき戦略が変わってくる**からです（次ページ・**図4－1**）。

企業戦略策定における現状分析では、現在の会社の基本情報、さまざまな記録・実績、保有技術、資産、財務数値などを徹底的に洗い出し、「強み」や「弱み」を分析します。

個人でも同じです。

▶図4−1　ゴールは同じでも行き方は数通りある

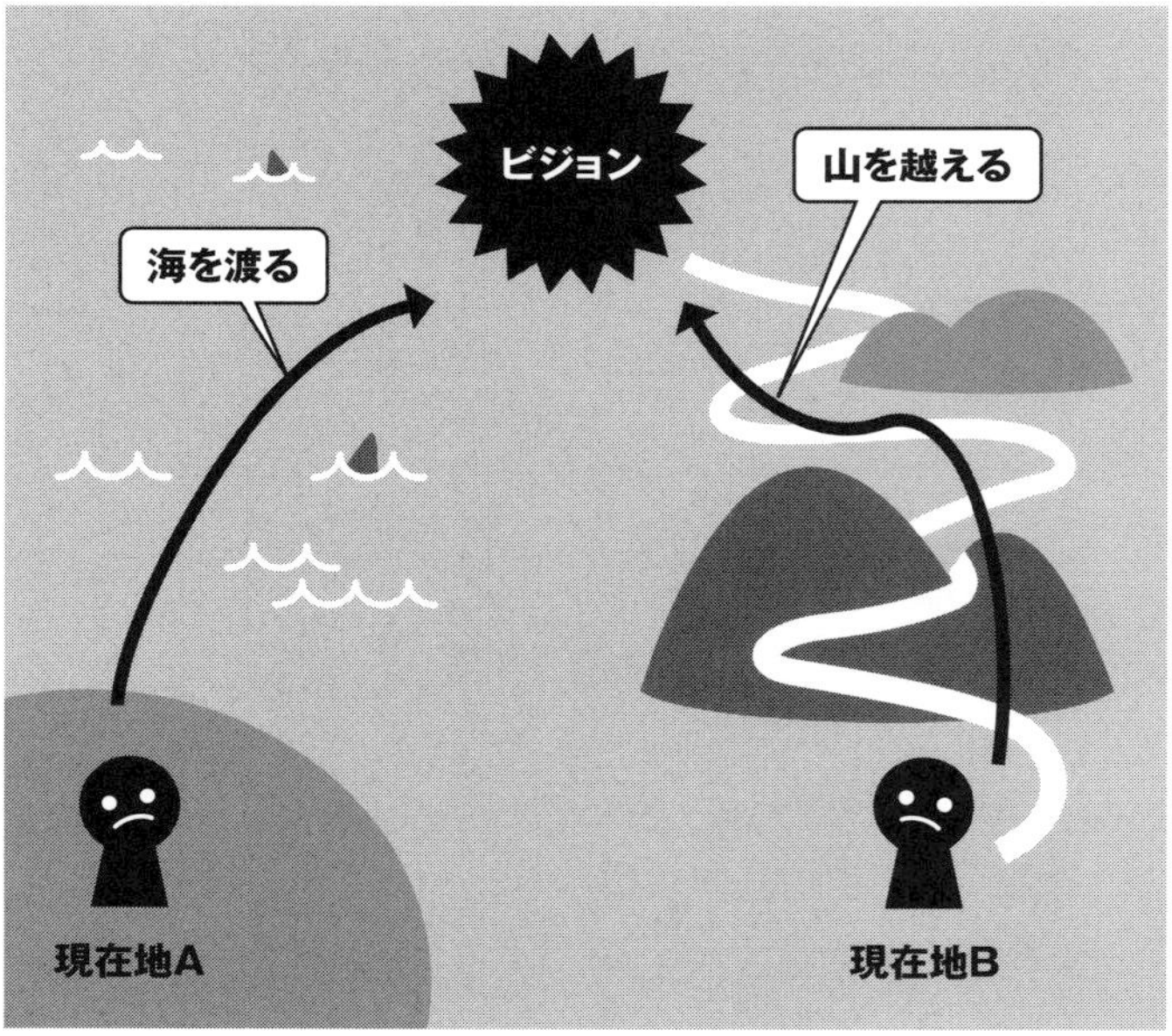

あなたが現在保有する実績、技術、資産、財務などの情報を棚卸しして、強みや弱みを見つけていく。それがこの「現状認識」のステップでやることです。

自分のことって意外とわからない

自分の「強み」や「弱み」など、すでにわかっているという人もいるかもしれませんが、意外と多くの人が自分のことに気づいていないのです。例えば、「強み」になるはずのスキルを過小評価していたり、そもそもスキルと認識していないこともあります。

みなさんは、自分では当たり前だと思っていたスキルや技術、知識を、他の人から驚かれたことはありませんか？

つまり、**自分は何を持っているのか、自分が持っているものにどんな価値があるのか、意外と自分では気づいていない**ものなのです。

言い換えれば、「現在価値」の棚卸しは、自分が思いつくものを挙げているだけでは不十分だということです。自分では手の届かないところに本当の「現在価値」があるのです。

では、どうやって本当の「現在価値」をつかみにいけばいいのでしょうか。

「現在価値」を構成する3つの要素

「現在価値」は、次の3つの要素で成り立っています。

1 **経験**：あなたがこれまでに経験してきたこと
2 **スキル**：今あなたができること
3 **資産**：今あなたが持っているもの

それでは、これらの要素について詳しく見ていきましょう。

▶図4－2　現在価値を構成する3つの要素

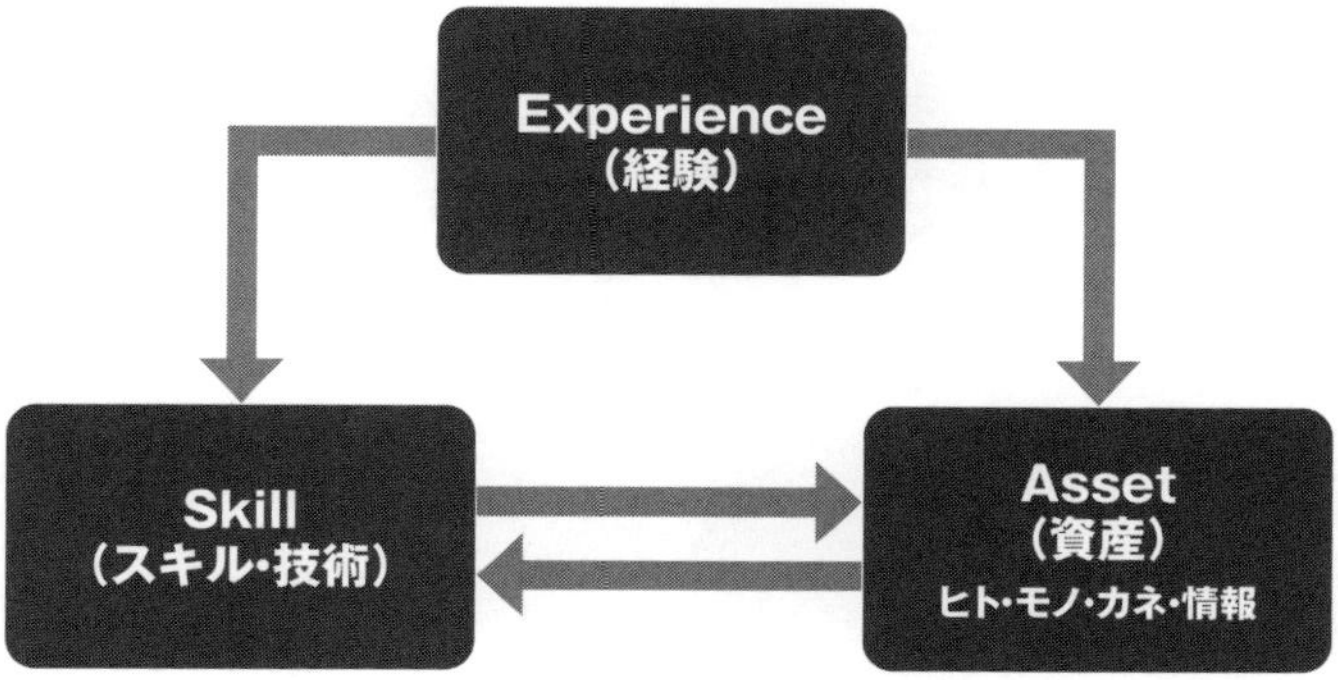

1.経験：あなたが歩んできた人生そのものが価値

まず、「経験」です。これは、あなたがこれまでの人生で経験したすべてのことを指します。例えば、部活動で大会に出たこと、旅行したこと、新しいことに挑戦したことなどです。

多くの人は、自分の価値を考えるとき、スキルや資産にばかり注目しがちですが、「経験」も非常に重要な要素です。例えば、「富士山に登った」という経験は、スキルにわざわざ落とし込まなくても、それ自体がすでに大きな価値があります。

2.スキル：今あなたができること。それが価値

次に、「スキル」です。これは、今あなたができることを指します。例えば、英語が話せる、コンピューターが使える、絵が上手に描けるなどです。

「スキル」にはさまざまな種類があります。本書では、「スキル」を次の3つに分け

て考えます。

①テクニカルスキル：具体的な技術や知識

例：プログラミング、デザイン、英語

②ヒューマンスキル：人とのコミュニケーションに関するスキルと、考える力

例：リーダーシップ、ユーモア、問題解決能力

③オリジナルスキル：他の2つに当てはまらない独自のスキル

例：動物にものすごく好かれる能力、人が深刻な悩みを相談してくるチカラ

3.資産：今あなたが持っているもの。それも価値

最後に、「資産」です。これは、あなたが持っているものを指します。

企業では資産を、ヒト・モノ・カネ・情報に区分しますが、個人においても同様に区分し、次のように解釈します。

①**ヒト**：あなたが知っている人や助けてくれる人、人脈など
②**モノ**：あなたが持っているもの　例：家、車、本
③**カネ**：あなたが持っているお金、動かせるお金
④**情報**：あなたが知っていること　例：特定の分野についての知識やノウハウ

「資産」は、あなたの行動や選択に大きな影響を与えます。例えば、たくさんのお金を持っていれば、選択肢が増えます。同様に、特定の知識やスキルを持っていれば、その分野で活躍するチャンスが増えます。

このように「現在価値」は、あなたの「経験」「スキル」「資産」の3つの要素から成り立っています。

これらをしっかりと理解し、活用することで、自分の強みを最大限に引き出すことができます。

「現在価値」の見つけ方

さあ、いよいよ自分の「現在価値」を見つける作業を始めましょう。この作業を通じて、自分の「強み」や「スキル」を明確にすることができます。

ステップ（1）「経験」の確認

まず、第2章の図2－2で作成した「ライフラインシート」を見直します。ここには、あなたがこれまでに経験した「主な出来事」「影響を受けたコト・ヒト・モノ」「成功体験」「失敗体験」が記録されています。それぞれが、あなたの価値となる経験です。そんな視点で、もう一度ライフラインを振り返ってみてください。

ステップ（2）「スキル」の洗い出し

次に、「スキル」です。自分では思いつけない、手の届かないところにある「スキル」をつかむために重要な役割を果たすのが、ステップ1で確認した「経験」です。それぞれの経験から得られた「スキル」を、一つひとつ考えていくことで、見えなかった「スキル」をつかむことができるようになります。

「スキル」の洗い出しに使うワークシートは、88～89ページの図4－3を参照してください。

第2章で作った「ライフラインシート」の「主な出来事」「影響を受けたコト・ヒト・モノ」「成功体験」「失敗体験」欄の下に「テクニカルスキル」「ヒューマンスキル」「オリジナルスキル」欄を設けています。このシートを使って、「スキル」を洗い出していきます。

〈作業手順〉

1　ライフラインを確認

「主な出来事」「影響を受けたコト・ヒト・モノ」「成功体験」「失敗体験」を再確認します。

2　自問自答

各経験について、「この経験から得られた『スキル』は何か？」と自問自答します。

ここで何も思いつかなくても諦めてはいけません。妄想レベルでもいいので、経験から得られた「スキル」を無理やり書き出していくことが大変重要です。自分が思いつかないようなものに手を伸ばそうとしているのですから、そのくらい自分の枠を外すような考え方が必要なのは当然です。

3　「スキル」の記録

「テクニカルスキル」「ヒューマンスキル」「オリジナルスキル」の3つに分けて「スキル」を書き出します。

16-18 高校	19 浪人	20–24 大学	25-28 社会人
ギターを始める	予備校へ	留年 バイト（コンビニ・家庭教師） 就職活動	
	予備校の先生	就活で行った自己分析	
		見事第一志望に合格	
	大学受験に失敗	バンドにのめりこみ留年 就活で大苦戦	

▶図4－3　ライフラインシート（Aさんの記入例・再掲）

年代（歳）	0-6 幼児期	7-9 小学校低学年	10-12 小学校高学年	13-15 中学校
主な出来事	みんなにかわいがられる	転勤で小学校を転々とする 新聞係になる	いじめにあう	洋楽を聞き始める
影響を受けたコト・ヒト・モノ		小学校の先生	海外の友人の考え方・多様性	中学校の先生
成功体験			国内外に新しい人間関係を作ることができた	高校受験失敗
失敗体験			先生に叱られる	高校受験失敗
テクニカルスキル			英語力 （こじつけ例）	
ヒューマンスキル			何にでもチャレンジできる チャレンジ精神 柔軟性 コミュニケーションスキル	
オリジナルスキル			自分に合う人を見抜くスキル	

column

いじめられた経験を持つAさんの記入例

先ほど登場したAさんは、10～12歳の頃にいじめられた経験があります。「ライフラインシート」には「いじめにあう」とだけ記されています。現状認識のワークで、この経験から得られたスキルを探し始めました。

最初、Aさんは「いじめから得たスキルなんてない」と思っていました。しかし、無理やりにでも書いてみようと決心し、過去を振り返ることにしました。すると、「とにかく違う環境に行きたい」という強い気持ちから、当時一生懸命に英語を勉強していたことを思い出しました。いじめがきっかけで始めた英語の勉強が、今ではAさんの大きな「強み」になっていることに気づいたのです。

「あ！　私の今の英語力は、この経験からきているものなんだ」と気づいたAさんは、「テクニカルスキル」の項目に「英語力」と書き込みました。この発見はAさんにとって、大きな驚きと喜びでした。

次に、いじめの前後で自分がどう変わったかを考えてみました。いじめを受けた後、Aさんは人に対して寛容になれたのではないかと感じました。その理由を考えると、自分をいじめていた人たちを通じて、世の中には自分とは異なる考え方を持つさまざまな人がいることを学んだからだと気づきました。

「そうか、今の私が持っている寛容さや柔軟性も、あのいじめという経験から得られたものなんだ」と理解したAさんは、「ヒューマンスキル」の項目に「柔軟性」と書き加えました。このプロセスを通じて、Aさんは自分の成長を再確認することができました。

Aさんの例から、どんなつらい経験でも、そこから得られる「スキル」や学びがあることがわかります。Ａさんは最初は難しいと思っていたこのワークを通じて、自分の過去の経験を新たな視点で捉え直し、それが現在の自分を形作っていることを再認識しました。

このように、自分の過去の経験を振り返ることで、思いもよらない「スキル」や「強み」を見つけ出すことができるのです。Ａさんのように、自分のライフラインを見直し、過去の出来事から得たものを積極的に探してみましょう。そこには、あなたの「現在価値」を支える大切な要素が隠れているかもしれません。

第5章

ステップ4
戦略

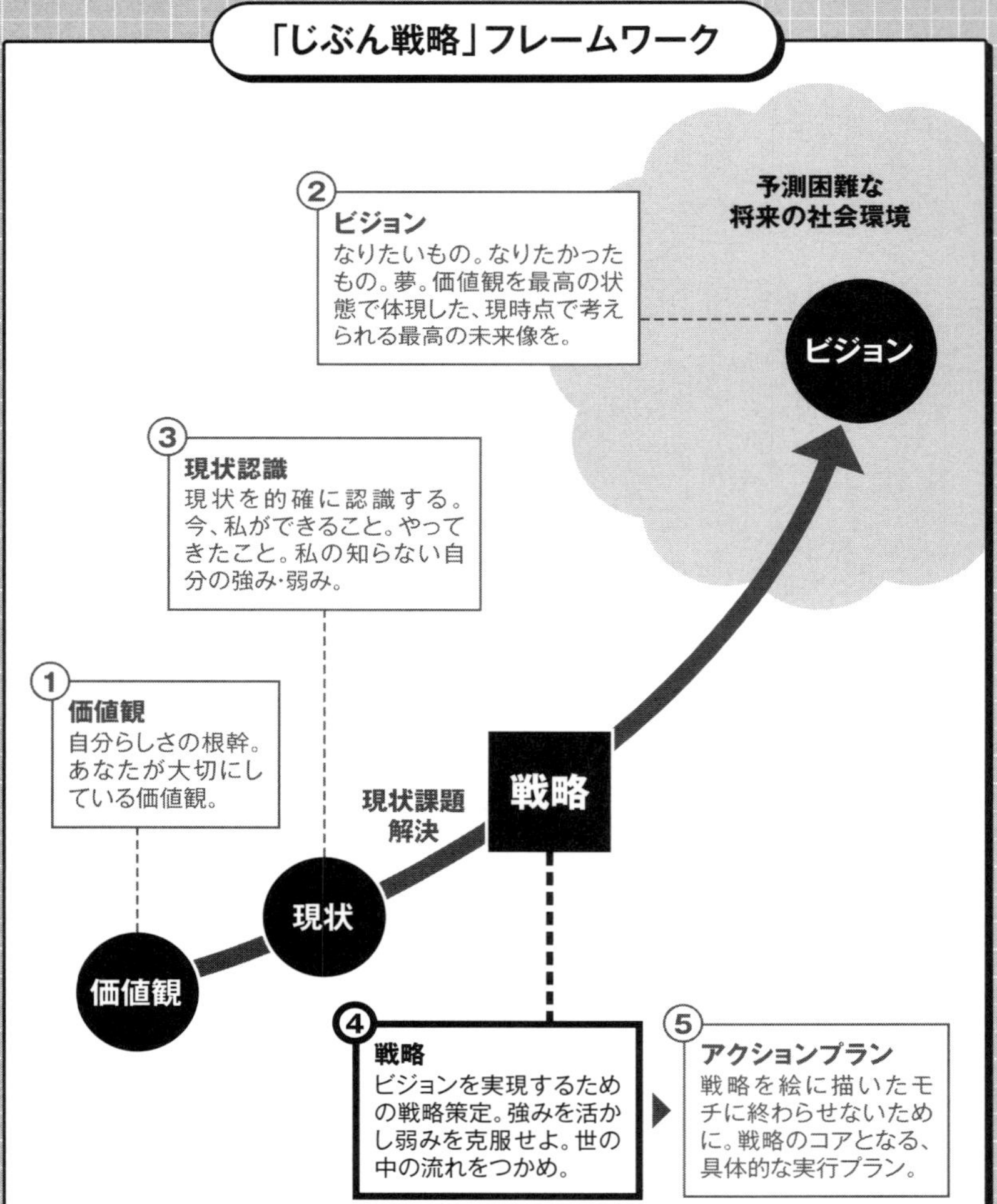
「じぶん戦略」フレームワーク
予測困難な
将来の社会環境
②
ビジョン
なりたいもの。なりたかったもの。夢。価値観を最高の状態で体現した、現時点で考えられる最高の未来像を。
ビジョン
③
現状認識
現状を的確に認識する。今、私ができること。やってきたこと。私の知らない自分の強み・弱み。
①
価値観
自分らしさの根幹。あなたが大切にしている価値観。
現状課題
解決
戦略
現状
価値観
④
戦略
ビジョンを実現するための戦略策定。強みを活かし弱みを克服せよ。世の中の流れをつかめ。
⑤
アクションプラン
戦略を絵に描いたモチに終わらせないために。戦略のコアとなる、具体的な実行プラン。
19XX
現在
20XX

「戦略」とは何か?

いよいよ、本書の目的である「じぶん戦略」の策定にたどり着きました。

ここからは、「ビジョン」実現のための戦略を一緒に作っていきましょう。

第3章ではあなたが描く最高の「ビジョン」を策定し、第4章では「現状認識」を行い、あなたの現状を棚卸ししてきました。

ここでみなさんの描いた「ビジョン」と「現状」を比べてみてください。ほとんどの人が、「ビジョン」とのあまりの落差に愕然《がくぜん》とした気持ちになるのではないでしょうか。


でもそれでいいんです。

むしろ愕然とする「ビジョン」が描けていたら、「ビジョン」の策定は成功です。

愕然としないような、落差もない「ビジョン」なんて、わざわざ戦略を立てるようなものではありません。なんとなく生きているだけで達成してしまうかもしれないような「ビジョン」なんて、追いかけていてもつまらないと思いませんか？

本当に自分のやりたいことが「ビジョン」として描けていたら、どんなに現状との落差が大きくても、その分モチベーションが上がるのではないでしょうか。だから、安心して愕然としてください。

この愕然とするくらい遠い「ビジョン」と現状との落差を埋めるための方策が、「戦略」です。

戦略は、これまで検討してきた要素の集大成です。

「現状認識」（＝現在）や「ビジョン策定」（＝未来）はもちろんのこと、「ビジョン」に向かっていくときのスタイルを決めるには、「価値観」も重要な要素となってきます。

「価値観」「ビジョン」「現状認識」すべてを使って、あなただけの「じぶん戦略」を立てていきましょう。

「戦略」の作り方

「すべてを使って戦略を立てようと言われても、どうすればいいんだろう」と思うかもしれません。

そのために使うのが、**「キャリアSWOT」**（106ページ・**図5－2**）です。

これは、企業や事業を分析する有名なフレームワーク「クロスSWOT」（101ページ・**図5－1**）を、「じぶん戦略」策定のためにアレンジしたものです。

SWOTとは

「キャリアSWOT」のもととなった「クロスSWOT」は、自社の内部環境と外部環境から、打つべき施策を考えるフレームワークです。

内部環境は「強み（Strength）」と「弱み（Weakness）」、外部環境は「機会（Opportunity）」と「脅威（Threat）」に分かれており、これら４つの視点を組み合わせて、抜け漏れなく施策を洗い出していきます。４つの視点それぞれの英語の頭文字をとって「ＳＷＯＴ」と呼ばれています。

次に、それぞれの視点について説明します。

・**強み（Strength）**：内部の強み、競争優位性
企業やプロジェクトの内部において、他と比べて優れている点や有利な点を指します。例えば、優れた技術力やブランド力、経験豊富なスタッフがこれに該当します。

・**弱み（Weakness）**：内部の弱み、改善点
内部の課題や他と比べて劣っている点を指します。これは改善の余地がある分野であり、戦略を考える際には克服すべきポイントとなります。

・**機会（Opportunity）**：外部環境の機会、有利な要素

外部環境において、企業やプロジェクトにとって有利に働く可能性のある要因を指します。市場の拡大、新しい技術の導入、法規制の変化などが該当します。

・**脅威（Threat）**：外部環境の脅威、リスク要因

外部環境の変化や競争相手の行動により、企業やプロジェクトに悪影響を与える可能性のある要因を指します。新規参入企業の増加や、景気の悪化、技術の陳腐化などが考えられます。

これら4つの視点の要素を組み合わせて、戦略を立てます。

具体的には、次のようなことを考えます。

強み × 機会（SO戦略）：「強み」を活かして機会を最大限に利用する戦略を考えます。

▶図5−1　クロスSWOT

		外部環境	
		機会 Opportunity	脅威 Threat
内部環境	強み Strength	**【強み×機会】** **（SO戦略）** 「強み」を活かして機会を最大限に利用する	**【強み×脅威】** **（ST戦略）** 「強み」を活かして脅威に対抗する
	弱み Weakness	**【弱み×機会】** **（WO戦略）** 「弱み」を改善しながら機会を活かす	**【弱み×脅威】** **（WT戦略）** 「弱み」を克服して脅威に備える

例：優れた技術力（強み）を活かして、成長市場で新製品を開発する（機会）

強み×脅威（ST戦略）：「強み」を活かして脅威に対抗する戦略を考えます。

例：ブランド力（強み）を使って、競合他社の市場進出（脅威）に対抗する

弱み×機会（WO戦略）：「弱み」を改善しながら機会を活かす戦略を考えます。

例：生産設備の改善（弱み）を行い、新しい需要に対応する（機会）

弱み×脅威（WT戦略）：「弱み」を克服して脅威に備える戦略を考えます。

例：資金不足（弱み）を補うために、コスト削減を図りながら、景気悪化（脅威）に備える

これが、企業における「クロスSWOT」という考え方です。

この考え方を「じぶん戦略」用に発展させたのが「キャリアSWOT」です。

「キャリアSWOT」とは

「キャリアＳＷＯＴ」と「クロスＳＷＯＴ」の違いは次の4つです。

(1) 左上に「ビジョン」欄を設けていること

「キャリアＳＷＯＴ」で立てる戦略は、すべて「ビジョン」を達成するためのものです。そのことを明確にするために、左上に「ビジョン」を明示して作業を進めます。

また、「強み」と「弱み」、「機会」と「脅威」を分ける基準としても「ビジョン」が重要な役割を果たすため、この位置に「ビジョン」を配置します。

(2) 下部に「価値観」欄を設けていること

「ビジョン」に到達するための手段にはさまざまなスタイルがありますが、自分のスタイルと異なる施策を立てると、実行できなくなってしまいます。そうならないために、施策を考えるときには常に自分の「価値観」を念頭に置いて考える必要があります。

（３）一つの象限の中がさらに４つ（仕事、人間関係、学習・スキル、その他）に分かれていること

「ビジョン」が「仕事」「人間関係」「学習・スキル」「その他」の４つでできていたことを覚えているでしょうか？（第３章参照）施策も同様です。

人生はパッチワークのようなもので、仕事はそのパッチの一つにすぎません。ですから、施策も「仕事」「人間関係」「学習・スキル」「その他」の４つの役割で洗い出していきます。

（４）今いる会社でのキャリアに関する施策を洗い出すための枠を設けていること

「キャリアＳＷＯＴ」の左半分は、あなたの人生の戦略です。クロスキャリアの考え方としては、会社のやりたいことも考慮して、会社で何をすべきかを検討する必要があります。

そのために、外部環境として企業戦略、部門戦略を設け、左半分で策定した施策を、会社の文脈でどのように実現するかを考えるための枠が、「キャリアSWOT」の右半分となっています。

ここからは「じぶん戦略」策定のための「キャリアSWOT」について、項目ごとに説明していきます。次ページの図5-2を見ながら読み進めてください。

▶図5−2　キャリアSWOT

ビジョン			外部環境			
			社会		企業	
			機会 Opportunity	脅威 Threat	全社ビジョン・方針	部門ビジョン・方針
			ビジョン達成に追い風となる環境変化は?	ビジョン達成の障害となる環境変化は?	今後の企業を取り巻く環境と企業自身の変化	今後の部門を取り巻く環境と企業自身の変化
内部環境	強み Strength	ビジョン達成に活用できる自分の強みは?	【S×O】 自らの強みを活かし、機会を最大限に利用するために何をするか?	【S×T】 自らの強みを活かし、脅威を回避もしくは打開するために何をするか?	【S×全社ビジョン・方針】 変わりゆく企業の中で自分の強みを活かし、ビジョンを実現するために何をするか?	【S×部門ビジョン・方針】 変わりゆく部門の中で自分の強みを活かし、ビジョンを実現するために何をするか?
	弱み Weakness	ビジョン達成の障害となる自分の弱みは?	【W×O】 弱みによって機会を逃さないために必要なことは?	【W×T】 弱みを克服し、脅威に対抗するために必要なことは?	【W×全社ビジョン・方針】 変わりゆく企業の中でビジョンを実現するためにどのようにして弱みを克服するか?	【W×部門ビジョン・方針】 変わりゆく部門の中でビジョンを実現するためにどのようにして弱みを克服するか?
価値観			あなたが大切にしている価値観は?			

戦略ワーク（1）施策の洗い出し（左半分）

次に、ワークの具体的な進め方を説明します。

1.「ビジョン」の記入

まずは「ビジョン」の項目に、第3章で策定した「ビジョン」を記入します。

2.「強み」と「弱み」の記入

次にシートの左側を記入します。内部環境、みなさん自身について書いていきます。

これまでのワークで見つけた「経験」「スキル」「資産」を、「強み」と「弱み」に分けて書き出してみましょう。基準となるのは、左上に掲げた「ビジョン」です。この「ビジョン」に照らし合わせて、「これは『ビジョン』を実現するうえで役立つ強みだ」「これは『ビジョン』を実現する際に課題となる弱みだ」と考えながら、整理していきます。

ここで重要なのは、「強み」や「弱み」に対して確信を持つ必要はないということです。たとえ「強みかもしれない」「弱みになりそうだ」と感じた程度でも、思いついたものはすべて書き出してみましょう。また、これまでのステップで思い浮かばなかったものでも、思いついたものがあればぜひ書き加えてください。

3.「機会」と「脅威」の記入

次は外部環境。「機会」と「脅威」を記入します。

「機会」は「ビジョン」達成の追い風になる（プラスの影響を及ぼす）環境変化、「脅

威」は「ビジョン」達成の障害となる（マイナスの影響を及ぼす）環境変化です。

ここでは、これから起こるかもしれない、もしくはすでに始まっている変化の中で、「自分の『ビジョン』を実現する助けになりそうなもの」や、反対に「『ビジョン』の妨げになりそうなもの」をできるだけ多く書き出してみましょう。迷うことなく、思いつく限り書くことがポイントです。どんな要素が戦略に役立つかは後からわかることもあるので、とにかくたくさんリストアップしておくことが大切です。

ここで覚えておいてほしいのは、同じ外部環境でも、「ビジョン」によって「機会」にも「脅威」にもなり得るということです。例えば、高齢者向けの事業を考えているなら、「少子高齢化」は「機会」として捉えられるでしょう。一方で、若者向けの事業を進めたい場合は、「少子高齢化」は「脅威」となる可能性があります。

自分の「ビジョン」に照らし合わせながら、「これは機会だろうか、それとも脅威だろうか?」と考えてみましょう。どちらか迷う場合でも、まずはどちらかに決めて書いておくのがよいでしょう。後で修正することもできますから、まずは多くの要素をリストアップすることが重要です。

外部環境をいきなり書けと言われても、何を書けばいいかわからないという人もいるかもしれません。そんなときは、外部環境を整理する「PEST」というフレームワークで考えてみるといいでしょう。

「PEST」とは、外部環境を政治的要因(Political)、経済的要因(Economic)、社会的要因(Social)、技術的要因(Technological)の4つの視点で整理したものです。

次に、それぞれの視点について簡単に説明します。

P:政治的要因(Political)

政府の政策や法律、税制などがビジネスにどう影響するかを考えます。例えば、政府が新しい環境規制を導入すると、企業はその規制に対応するために新しい技術を導入する必要があるかもしれません。

政策、法律や規制、税制、貿易規制など。

E：経済的要因（Economic）

経済の状況がビジネスにどう影響するかを分析します。例えば、景気が悪くなると消費者が買い控えをするので、企業の売上が減少するかもしれません。

景気の状況、為替レート、金利、失業率など。

S：社会的要因（Social）

社会や文化の変化がビジネスに与える影響を考えます。例えば、若い世代が環境問題に敏感になっている場合、企業は環境に優しい製品を開発することで、この世代の顧客を引きつけることができます。

人口動態、ライフスタイル、文化的トレンド、教育など。

T：技術的要因（Technological）

新しい技術がビジネスにどう影響するかを分析します。例えば、スマートフォンが普及したことで、多くの企業がモバイル向けのサービスやアプリを開発するようになりました。

技術革新、インフラの発展、研究開発、オートメーションとＡＩなど。

4.「価値観」の記入

次に、シート下段の「価値観」を記入します。

第2章「価値観ワーク」で見つけた「価値観」を記入してください。

「ビジョン」「強み」「弱み」「機会」「脅威」「価値観」。この6つのボックスが埋まったら、「キャリアＳＷＯＴ」左半分の準備は完了です。

5.施策の記入（左半分）

次に、「強み」「弱み」「機会」「脅威」を組み合わせて、どんな行動をとるべきかを具体的に考えていきます。それでは、それぞれの組み合わせについてわかりやすく説明します。

【S×O】（強み×機会）
「自分の『強み』を活かして、『チャンス』を最大限に活用するための行動」

まず、これからの変化の中で、あなたの「ビジョン」実現を後押ししてくれるチャンスは何かを考えます。そのチャンスをつかむために、自分の「強み」をどう活かせるかを考えて、「仕事」「人間関係」「学習・スキル」「その他」の各分野に分けて書き出します。

例えば、こんなふうに「強み」と「機会」を組み合わせてみましょう。

・**「何にでも挑戦できる精神」×「多様な働き方が広がる」**

↓「さまざまな仕事に挑戦して、副業を始める」（仕事）

・**「英語が得意」×「グローバル化の進展」**

↓「国際的な仕事にチャレンジして、グローバルに働く」（仕事）

・**「新しいことに挑戦できる精神」×「新しいビジネスモデルの出現」**

↓「革新的なビジネスモデルを提案する」（仕事）

【S×T】（強み×脅威）

「自分の『強み』を活かして、『脅威』に対処するための行動」

次に、「ビジョン」実現を妨げる可能性のある変化に対して、自分の「強み」をどう活かして対処するかを考えます。これを「仕事」「人間関係」「学習・スキル」「その他」の各分野に分けて書き出します。

【W×O】（弱み×機会）

「『弱み』によって『チャンス』を逃さないための行動」

たとえ良い「チャンス」が訪れても、自分の弱みが邪魔をして、その「チャンス」を活かせないかもしれません。それを防ぐために、「弱み」をどう克服するか、あるいは「弱み」を活かして「チャンス」をつかむ方法を考え、「仕事」「人間関係」「学習・スキル」「その他」に分けて書き出します。

【W×T】（弱み×脅威）
「『弱み』を克服して、『脅威』に立ち向かうための行動」

最後に、「ビジョン」実現を阻むような「脅威」に対して、「弱み」をどう克服して乗り越えるかを考え、「仕事」「人間関係」「学習・スキル」「その他」の各分野に分けて書き出します。

これで、あなたの人生全体の「ビジョン」に向けての方策が出そろった状態です。

次に、「キャリアＳＷＯＴ」の右半分。今いる会社のやりたいことを踏まえて、人生の「ビジョン」を達成するために会社の中でできることを考えていきます。

戦略ワーク（2）施策の洗い出し（右半分）

自分の人生の「ビジョン」を達成するために、会社で何ができるのか。それを考えるためのシートが、「キャリアSWOT」の右半分です。

左側半分の「ビジョン」に向けた施策を、企業のビジョン・方針、部門のビジョン・方針と組み合わせたときに、会社の中でどのような行動をとるべきかを具体的に考えていきます。

1.外部環境（企業）の記入

ここは今、あなたがいる会社のビジョン・方針について書く場所です。

2つの記入欄「全体」と「部門」について、それぞれ記入方法を説明します。

全体

ここに書く内容は、会社全体についてです。

・会社が何を目指しているのか（ビジョン）
・何をすべきなのか（ミッション）
・何がしたいのか（戦略）

この3つです。

会社の理念やミッションなどは、ホームページで公開されていることが多いでしょうし、ビジョンや戦略は、中期経営計画等などの公表資料で見つけることができるでしょう。

もし、探しても見つからない！　またはうちの会社は作ってない！　という場合は、126ページのコラムを参考にしてください。

部門

次に「部門」の欄です。こちらは、所属する部門のビジョン・方針について書きます。

もし、部門方針が策定されていない場合は、利用しなくてもかまいません。

2.施策の記入（右半分）

施策の右半分も、外部環境が、社会全体から企業に変わっただけで左半分とやり方は同じです。自分の「強み」「弱み」と企業・部門の方針を組み合わせて、施策を考えていきます。

このときに、左半分で策定したさまざまな施策を参照しながら、右半分の施策を考えることで、自分の「ビジョン」とつながりが強い施策を生み出すことができます。

次に、具体的な行動を記入します。

【S×全社】（強み×全社ビジョン・方針）

「自分の『強み』を活かして、全社に貢献するための行動」

まず、自分の「強み」を確認し、それが全社のビジョンや方針にどう貢献できるかを考えます。例えば、会社全体がグローバル展開を進めている場合、あなたの「英語力」や「国際経験」を活かして、海外プロジェクトの支援に取り組むことができます。また、会社がイノベーションを推進しているなら、「新しいアイデアを生み出す力」を使って、新規プロジェクトの提案や開発に貢献することが考えられます。

【S×部門】（強み×部門ビジョン・方針）
「自分の『強み』を活かして、部門に貢献するための行動」

次に、自分の「強み」を部門のビジョンや方針にどう活かせるかを考えます。例えば、営業部門で働いている場合、「優れたコミュニケーション能力」を活かして、顧客との関係を強化し、売上目標の達成に寄与することができます。また、開発部門で働いているなら、「技術的なスキル」を活かして、部門が目指す製品開発や技術革新に貢献することができます。

【W×全社】（弱み×全社ビジョン・方針）

「『弱み』を克服して、全社に貢献するための行動」

今度は、自分の「弱み」を克服して、全社のビジョンや方針にどう貢献できるかを考えます。例えば、全社でデジタル化が進んでいる場合、あなたが「ＩＴスキルに自信がない」ことが「弱み」であるなら、その「スキル」を向上させるためのトレーニングを受けることが重要です。これにより、デジタル化プロジェクトに貢献できるようになります。

【W×部門】（弱み×部門ビジョン・方針）

「『弱み』を克服して、部門に貢献するための行動」

最後に、自分の「弱み」を克服して、部門のビジョンや方針にどう貢献できるかを考えます。例えば、マーケティング部門で働いていて「分析力が弱い」と感じているなら、その「スキル」を強化するためにデータ分析のトレーニングを受けることが効果的です。これにより、部門のマーケティング戦略の立案や実行に貢献できるようになります。

このように、「強み」や「弱み」を全社や部門のビジョン・方針に照らし合わせて考えることで、自分がどのように貢献できるかが明確になります。それによって、自分の役割をより理解し、積極的に行動するための道筋が見えてくるでしょう。

戦略ワーク（3）施策から戦略へ

今、たくさんの施策（やるべきこと）がそろっている状態ですが、今度はそれらを一つのまとまりにすることがとても重要です。もし、さまざまな施策がバラバラに進んでしまうと、全体の方向性が定まらず、努力が分散してしまう可能性があります。その結果、目標に向かう力が弱まってしまうのです。

そこで、共通するテーマや目的を持つ施策をグループにまとめていきます。

こうすることで、施策同士がうまく連携し、より強力な効果を発揮できるようになります。**これが「戦略」です**。戦略とは、目標に向かって全体の力を一つにまとめ、効率的かつ効果的に進めるための大きな計画なのです。

例えば、学習に関する施策をまとめるとします。「苦手科目を克服する」「テスト前に過去問を解く」「毎日宿題をしっかりやる」といった施策を、それぞれバラバラに実行するのではなく、「まず苦手科目を克服し、その後で得意科目をさらに伸ばす」という一つの流れにまとめます。このように施策を統一された計画のもとで進めることで、全体としてより大きな学習成果が得られるのです。

さらに、テーマごとに施策をまとめることで、全体の進み具合を把握しやすくなり、どの施策がうまくいっているのかも見えやすくなります。また、施策同士がぶつかったり、重なったりすることを避けられるので、時間やエネルギーを無駄にせず、効率よく進めることができます。

このように、たくさんの施策を戦略という一つのまとまりにすることで、目標に向かう力をさらに強化することができるのです。

施策を戦略にまとめる

いくつもの施策を一つの戦略にまとめる重要性については、理解していただけたことと思います。それでは、実際にグループに分けていきましょう。

グループは「仕事」「人間関係」「学習・スキル」「その他」の4つの役割を使います。「キャリアSWOT」の「仕事」のボックスに書いたすべての施策を「仕事戦略」として、「人間関係」のボックスに書いたすべての施策を「人間関係戦略」として、「学習・スキル」のボックスに書いたすべての施策を「学習・スキル戦略」として、そして「その他」のボックスに書いたすべての施策を「その他戦略」としてまとめていきます（124～125ページ・**図5－3**参照）。

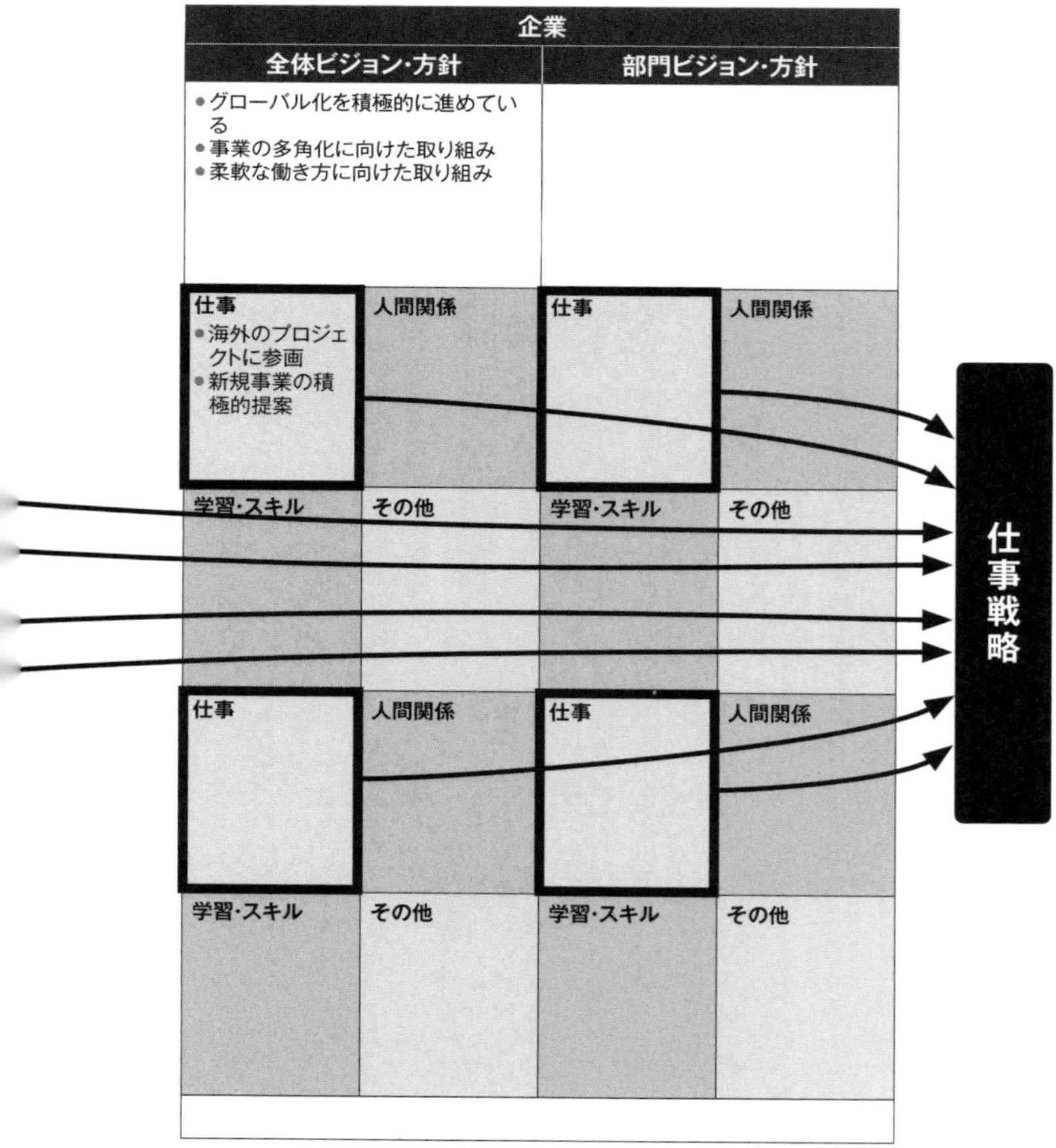
企業
全体ビジョン・方針
部門ビジョン・方針
●グローバル化を積極的に進めている
●事業の多角化に向けた取り組み
●柔軟な働き方に向けた取り組み
仕事
●海外のプロジェクトに参画
●新規事業の積極的提案
人間関係
仕事
人間関係
学習・スキル
その他
学習・スキル
その他
仕事
人間関係
仕事
人間関係
学習・スキル
その他
学習・スキル
その他
仕事戦略

▶図5−3　戦略の立て方

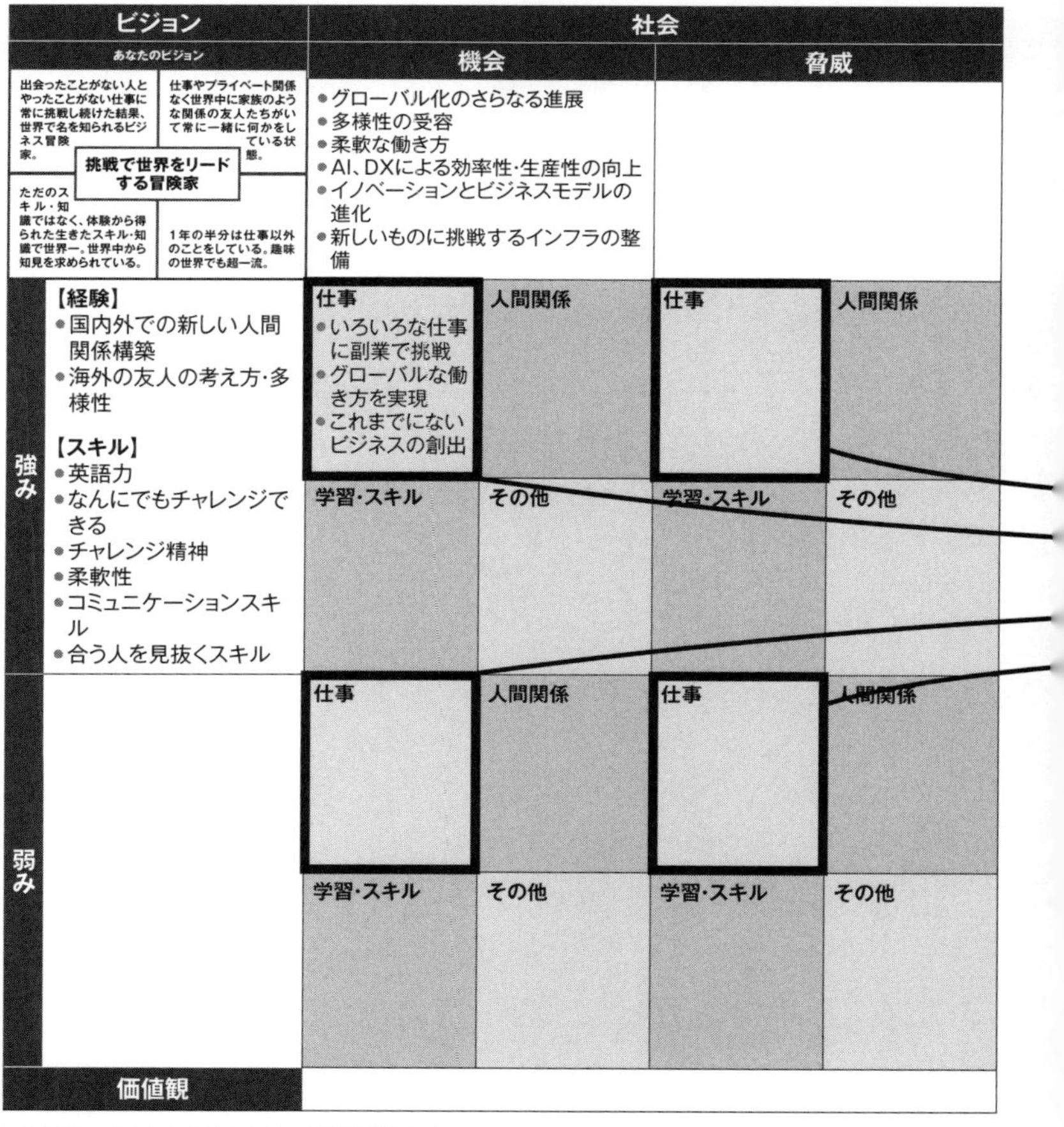
ビジョン
社会
あなたのビジョン
機会
脅威
出会ったことがない人とやったことがない仕事に常に挑戦し続けた結果、世界で名を知られるビジネス冒険家。
仕事やプライベート関係なく世界中に家族のような関係の友人たちがいて常に一緒に何かをしている状態。
挑戦で世界をリードする冒険家
ただのスキル・知識ではなく、体験から得られた生きたスキル・知識で世界一。世界中から知見を求められている。
1年の半分は仕事以外のことをしている。趣味の世界でも超一流。
・グローバル化のさらなる進展
・多様性の受容
・柔軟な働き方
・AI、DXによる効率性・生産性の向上
・イノベーションとビジネスモデルの進化
・新しいものに挑戦するインフラの整備
強み
【経験】
・国内外での新しい人間関係構築
・海外の友人の考え方・多様性
【スキル】
・英語力
・なんにでもチャレンジできる
・チャレンジ精神
・柔軟性
・コミュニケーションスキル
・合う人を見抜くスキル
仕事
・いろいろな仕事に副業で挑戦
・グローバルな働き方を実現
・これまでにないビジネスの創出
人間関係
仕事
人間関係
学習・スキル
その他
学習・スキル
その他
弱み
仕事
人間関係
仕事
人間関係
学習・スキル
その他
学習・スキル
その他
価値観

同じ役割に書かれた施策をまとめて、戦略を策定する

column

会社のビジョン・方針がわからないときは?

「この会社って、どこに向かっているんだろう?」と思ったこと、ありませんか?特に会社のビジョンが明確に示されていない場合、会社と自分のキャリアをどう結びつけるか悩むものです。でも、会社のビジョンがはっきりしないからといって、手をこまぬいているわけにはいきません。むしろ、そんなときこそ、自分で会社の「ビジョン」を仮説として立ててみることが大切です。

ステップ1:会社の動きを観察して仮説を立てる

まずは、会社の最近の動きをよく観察してみましょう。例えば、新しいプロジェクトが始まっていないか、どんな製品やサービスに力を入れているのかを確認します。その背後には、必ず「なぜ今、これに注力しているのか?」という理由があるはずです。この理由を自分なりに考えることで、会社が何を目指しているのかの仮説が浮かんできます。

ステップ2：過去の資料をチェックする

次に、会社の過去の発表や報告書をチェックしてみましょう。数年前のビジョンや戦略を見直すことで、現在も続く方向性を見つけることができるかもしれません。もし、会社が「グローバルな展開を推進する」と言っていたなら、今後もその方向で進む可能性が高いです。

ステップ3：信頼できる上司や同僚に相談する

「一人ではどうにも仮説が立てられない」という場合は、信頼できる上司や同僚に話を聞いてみましょう。彼らの意見や感じていることを参考にすることで、自分の仮説がより具体的になり、現実に即したものになるはずです。

ステップ4：仮説をもとに行動する

仮説を立てたら、その仮説に基づいて日々の仕事やキャリア戦略を考えてみましょう。たとえ仮説が正確でなくても、行動の指針として十分機能します。そして、実際に行動することで、仮説が正しいかどうかが見えてきます。仮説が合っていると感じたら、その方向でさらに深めていきましょう。

「ビジョン」がはっきりしないと感じたときこそ、自分から会社の意図を読み取り、仮説を立てる力が求められます。その積極的な姿勢が、あなたのキャリアをより充実したものにしてくれるでしょう。

第6章

ステップ5
アクションプラン

「じぶん戦略」フレームワーク

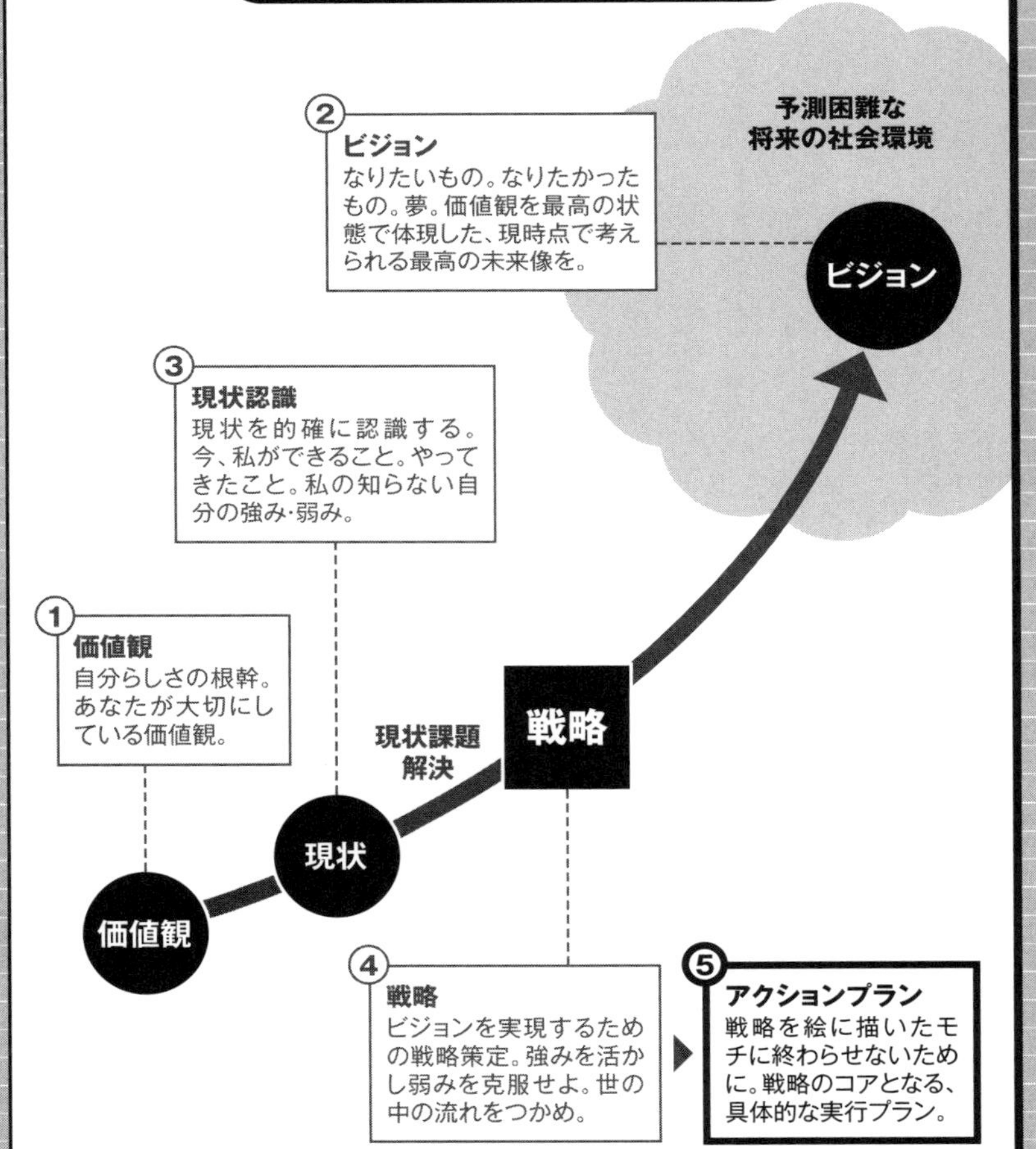

「アクションプラン」とは何か？

「ビジョン」を達成するためには、戦略を立て、それを実行に移すことが必要です。

目標を立てても達成できずに終わってしまうことがありますが、その原因は戦略が具体的な行動に落とし込まれていないことにあります。

「ビジョン」を実現するためには、具体的な行動が欠かせません。

そのために必要となるのが、「アクションプラン」です。

第6章では、実効性のある「アクションプラン」の作り方を詳しく説明していきます。

「アクションプラン」の作り方

「アクションプラン」の作り方とは言っても、どのような行動をとるかは、「キャリアSWOT」の施策としてすでに大量に作られているはずです。以降、その施策をどのようにして「アクションプラン」に作り上げていくのかについてご説明します。

手順（1）多くの「アクションプラン」からKSFを選び出す

すでに多くの「アクションプラン」がある場合、そのすべてを一度に実行するのは現実的ではありません。むしろ、施策が多すぎるとどれから手をつけるべきか迷ってしまい、動き出せなくなることがあります。

そこで、まずは「ビジョン」達成に最も影響を与える「KSF（Key Success

Factor：重要成功要因）」となる施策を選び出しましょう。これにより、「ビジョン」に向かって効率的に進むことができます。

KSFを見極める簡潔な視点

1. **インパクト**：その施策が「ビジョン」にどれだけ大きな影響を与えるかを考えます。「ビジョン」達成に直接つながる施策を優先しましょう。
2. **実行のしやすさ**：実際にその施策を実行できるかを考えます。すぐに行動に移せる施策を選ぶことが重要です。
3. **リソースの活用効率**：その施策が少ないリソースで大きな成果を生むかどうかを検討します。効率的にリソースを使える施策を選びましょう。

これらの視点を使って、すでにある「キャリアSWOT」の施策から、最も重要な5つを選び出してください。

手順（2）選んだKSFを「アクションプラン」に落とし込む

選び出したKSFとなる施策を「SMART」に落とし込んで、具体的なアクションプランを作成していきます。

「SMART」とは、目標設定や計画を立てる際に役立つフレームワークで、効果的に達成できる目標を作るための5つの基準を示しています。

- **Specific（具体的）**：施策を具体的な行動に変えます。例：「新規顧客を月に20人獲得するために、週3回の営業活動を行う」
- **Measurable（測定可能）**：進捗を測定できるようにします。例：「週3回の営業で何人の顧客が増えたか」
- **Achievable（達成可能）**：無理のない範囲で達成可能な目標にします。
- **Relevant（関連性のある）**：「ビジョン」に直接関連するか確認します。

・**Time-bound（期限を設ける）**：期限を設定し、いつまでに達成するかを明確にします。例：「3カ月以内に60人の新規顧客を獲得」

これにより、施策が具体的な行動に変わり、実行しやすくなります。

「SMART」を意識して、「アクションプラン」のワークシートを記入します（137ページ・**図6－1**）。

手順（3）計画を柔軟に見直す

「ビジョン」や戦略は、時間とともに変わることがあります。例えば、経済状況や個人の状況への変化に対応するために、定期的に計画を見直し、必要に応じて修正することが重要です。

「ビジョン」を達成するためには、まず多くのアクションプランの中からKSFとなる施策を選び出し、それを「SMART」の5つの基準に基づいて具体的な行動に落とし込むことが大切です。上記の簡潔な視点を参考に、インパクトや実行のしやすさを考慮して施策を選びましょう。

そして、計画を実行に移し、定期的に進捗を確認し、必要に応じて計画を修正していくことで、目標に向かって着実に進むことができます。

たくさんのプランがあっても、まずは**重要な5つの基準を選び出し**、それに集中して行動を起こすことが成功のカギです。

さあ、まずは動き出して、「ビジョン」に向かって一歩を踏み出しましょう！

▶図6−1　アクションプランワークシート

5W1Hを使って、誰でもすぐに実行できる内容にする

時期や頻度を記載

数値目標を立てる

5個選ぶ

KSF-AP	具体的内容	時期	目標
KSF-AP ①			
KSF-AP ②			
KSF-AP ③			
KSF-AP ④			
KSF-AP ⑤			

column

あなたの「ビジョン」を叶えるために

誰もが心の中に、大きな夢や「ビジョン」を持っています。しかし、日々の忙しさや現実の壁にぶつかり、その夢が遠のいてしまうこともあるでしょう。でも、どんなに大きな「ビジョン」でも、それを現実にする方法があります。それは、具体的な「アクションプラン」を立て、一歩一歩着実に行動することです。

「ビジョン」が壮大であればあるほど、その実現に向けて小さな一歩が大切になります。最初は小さなステップかもしれませんが、それを積み重ねることで、確実に目標に近づいていきます。「アクションプラン」を具体的にすることで、夢に向かう道筋がはっきりと見えてきます。

「自分には無理だ」「こんな大きな夢は叶わないかもしれない」と感じることがある

かもしれません。しかし、「ビジョン」が叶うかどうかは、あなたの行動次第です。適切なプランを立て、それに沿って行動することで、夢は現実のものとなります。

大切なのは、行動をやめないことです。たとえ一歩ずつでも、前に進み続けることで、「ビジョン」はやがて現実に近づきます。だからこそ、今すぐに「アクションプラン」を立て、その計画に基づいて動き始めてください。その一歩一歩が、あなたの「ビジョン」を現実に引き寄せるのです。

夢を持ち、それに向かって行動する姿勢が、あなたを輝かせます。「アクションプラン」を実行に移すことで、遠くに見えた夢も現実に変わります。今こそ、行動を起こし、あなたの「ビジョン」を叶えるための一歩を踏み出しましょう。

第7章

クロスキャリア・マネジメント

クロスキャリアって個人だけでは成り立たない

クロスキャリアという考え方は、企業と個人が一緒になって目指すべきものであり、個人だけでは成立しません。

例えば、Ａさんが自身のキャリアをどんなにしっかり計画していても、それが企業の方向性と合わなければ、努力が報われないこともあります。

企業と個人が互いに補完し合いながら、共通の目標やビジョンに向かって歩んでいくことで、初めて実現できるのです。

クロスキャリアを振り返りながら、企業と個人の関係性について考えてみましょう。

▶図7—1　クロスキャリアの構造

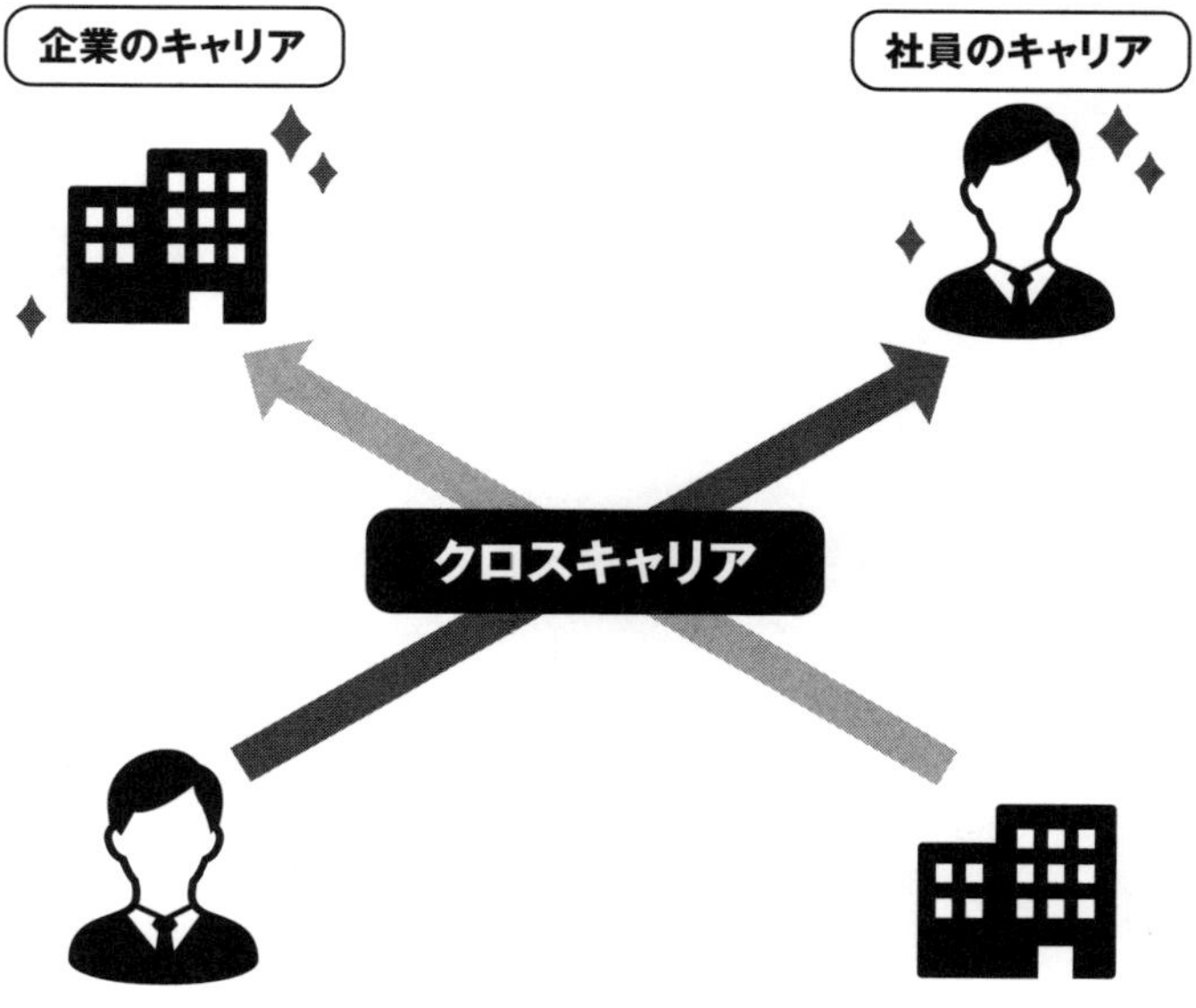

企業として、どうすればいいの？

クロスキャリアを成功させるために、企業がまずやるべきことは、自分たちのビジョンをしっかりと明確にすることです。そして、そのビジョンと社員一人ひとりのビジョンをすり合わせ、共通の方向性を見つけることが重要です。これが、企業と個人が共に成長するための基本的な枠組みです。

例えば、B社では「社員の成長が会社の成長に直結する」という明確なビジョンを掲げています。社員一人ひとりが自分のビジョンを会社のビジョンとリンクさせることで、B社全体の成長が加速していきます。

(1) 会社のビジョンをわかりやすく、魅力的にする

企業が社員に共感してもらうためには、まず自分たちのビジョンを魅力的でわかり

やすくすることが不可欠です。社員がそのビジョンに共感し、自分の目標に向かって一緒に歩んでいけるかどうかがポイントです。

（2）会社のビジョンと個人のビジョンをすり合わせる

社員が持つビジョンと、企業が掲げるビジョンをどうやってすり合わせるかが大切です。これによって、社員は自分のキャリアを企業の成長と結びつけ、企業側も社員の力を最大限に活かすことができます。

取り組み（1）会社のビジョンをわかりやすく、魅力的にする

会社が選ぶ時代から、個人が会社を選ぶ時代に

昔は企業が社員を選んでいましたが、今は時代が変わり、個人が自分に合った会社を選ぶ時代になりました。リモートワークやフレックスタイム制度など、働き方の選択肢が増え、価値観も多様化しています。このような背景から、企業は自分たちのビ

ジョンを魅力的でわかりやすくしないと、優秀な人材を引きつけることが難しくなっています。

どうしてこの会社じゃないといけないの?

「なぜこの会社で働くのか?」をきちんと納得できることが、社員が長く働くためのモチベーションになります。仕事内容が似ている会社はたくさんありますが、その中で「どうしてこの会社で働くのか?」という理由を作るのがビジョンです。魅力的なビジョンを持つことで、社員は「自分の仕事が意味を持つ」と感じることができます。

もしビジョンが曖昧で、共感を得られないものであれば、社員のモチベーションは下がり、企業全体の成長も止まってしまうかもしれません。

魅力的なビジョンってどんなもの?

魅力的なビジョンとは、社員がそれを聞いて「これを実現したい!」と心が躍るようなものです。また、その会社ならではの独自性があり、他の企業では実現できないビジョンであることが大切です。これによって、社員は「このビジョンを実現できるのはこの会社だけだ」と感じられるのです。

例えば、あるＩＴ企業では「人々の生活を変革するテクノロジーを提供する」というビジョンを掲げ、そのビジョンに共感した社員たちが、日々新しい技術の開発に取り組んでいます。このようなビジョンがあると、社員は「この会社でこそ自分の力を発揮できる」と感じるのです。

うちの会社のビジョンは魅力的？

実は、魅力的なビジョンを描けている会社は少ないかもしれません。多くの企業がビジョンを掲げていますが、それが本当に魅力的で、社員の共感を得られるものであるかどうかは疑問です。いろいろな意見を取り入れようとすると、ビジョンが曖昧になりがちですが、それでは社員の心をつかむことは難しいのです。

魅力的なビジョンとは？

では、魅力的なビジョンとはどのようなビジョンなのでしょうか？

社員に魅力的に映るビジョンにするには、特に次の3つのポイントを押さえることが大切です。

①社会にインパクトを与える

ビジョンが社会全体にポジティブな影響を与えるものであると、社員は「自分の仕事が世の中に貢献している」と感じやすくなります。例えば、「環境問題を解決する」「新しいライフスタイルを創造する」など、社会的意義のある目標は、社員にとって誇りとなりやすいものです。

②未来志向であること

ビジョンが将来の大きな目標に向かっていると、社員はそのビジョンにワクワクし、自分もその未来を作り上げる一員であるという高揚感を得られます。「10年後に

○○の業界をリードする」「次世代の技術で世界を変える」など、未来への明確なビジョンは社員を鼓舞《こぶ》します。

③挑戦的でありながら実現可能

あまりに現実離れしたビジョンは社員を遠ざけますが、適度に挑戦的で、かつ実現可能なビジョンであれば、「自分たちならできる」という自信を生み出します。例えば、「国内シェアを倍増させる」「世界中の人々に愛される製品を作る」といった、少し高い目標が社員のやる気を引き出します。

これらのポイントを押さえたビジョンは、社員にとって単なる企業の方針ではなく、自分たちの目標や夢とも一致する魅力的なものとなります。

取り組み（2）会社のビジョンと個人のビジョンをすり合わせる

「すり合わせ」とは、社員のキャリアビジョンと会社のビジョンが交わる場所を見つけることです。

社員が自分の人生の目標を達成しようとする行動が、同時に企業のためにもなるような状況を作り出すことが理想です。

しかし、社員一人ひとりがこれを見つけるのは簡単ではありません。だからこそ、企業側からのサポートが必要になります。

ミドルマネージャーがカギを握る！

このすり合わせを成功させるためには、会社のビジョンと社員のキャリアビジョンを同時に理解し、両者をつなげる役割が必要です。それがミドルマネージャーです。

昔は、ミドルマネージャーは会社の方針を伝えるだけの役割でしたが、今では、会社のビジョンを理解しながら、社員のキャリアをサポートし、両者を結びつける役割が求められています。

ミドルマネージャーが行うサポートとは？

では、そのような役割を期待されるミドルマネージャーは、どのようにサポートしていけばよいのでしょうか？

それは次の3つです。

①会社のビジョン・戦略を理解する

まず、ミドルマネージャーは自分の会社がどのようなビジョンや戦略を持っているかをしっかりと理解する必要があります。自社のビジョンや戦略を実際に見たことがある社員は意外と少ないかもしれませんが、これを知らなければ、社員のキャリアビジョンと会社のビジョンを一致させることはできません。

②自身の「じぶん戦略」を持つ

次に、ミドルマネージャー自身が自分のキャリアビジョンを持ち、それを社員に示すことが大切です。

ミドルマネージャー自身が自分のビジョンを持ち、それに向かって行動している姿を見せることが、社員にとっての信頼できるサポートとなります。

社員が自分のキャリアビジョンを明確にする手助けをするためには、まずミドルマネージャー自身が「じぶん戦略」を実行して、社員にその重要性を示す必要があります。

③会社と社員のキャリアビジョンをすり合わせる

そして最も重要なのは、社員のキャリアビジョンと会社のビジョンをどうすり合わせるかです。

すり合わせは、次のステップで行います。

▶図7−2　キャリア支援のステップ

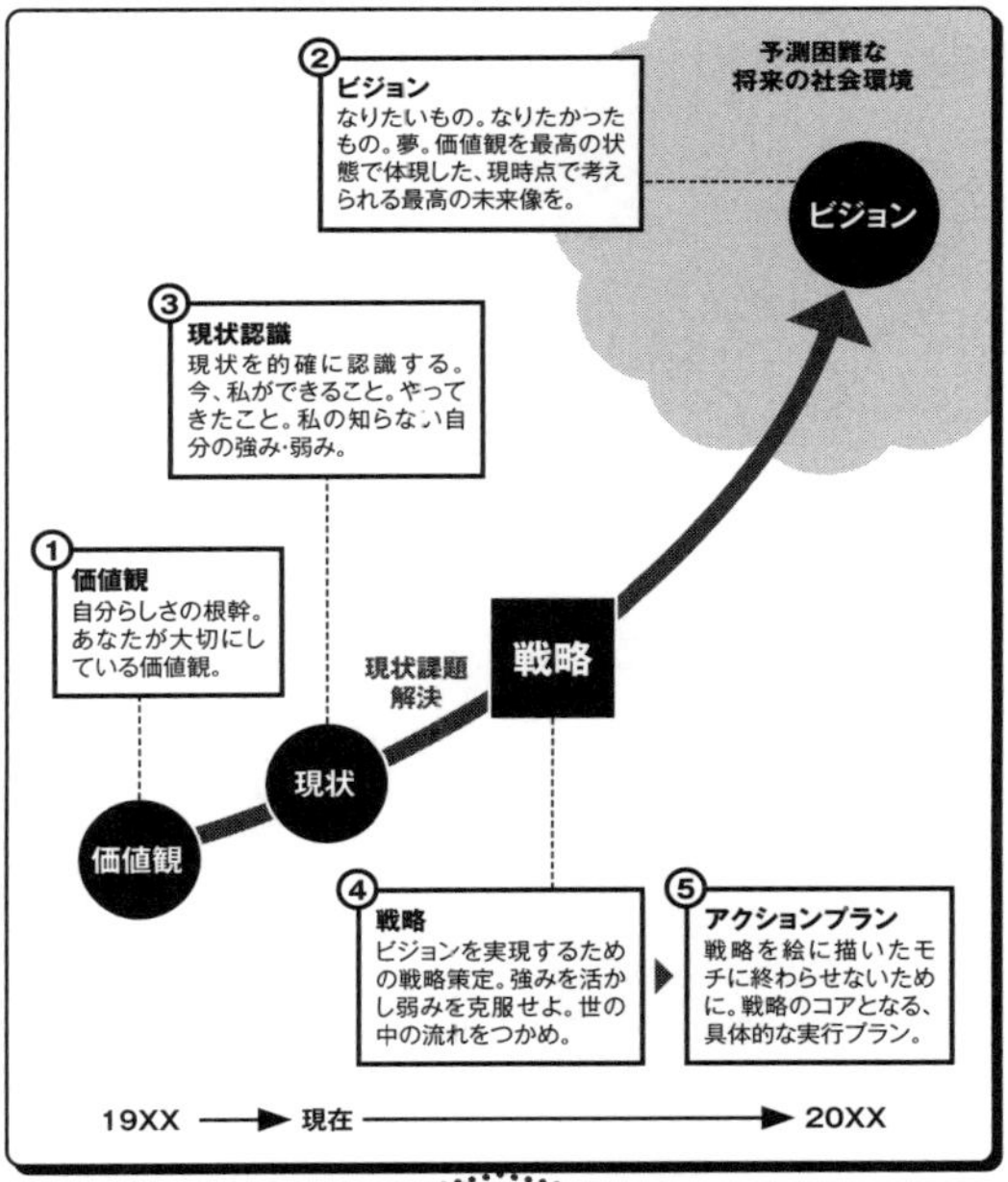

課題の把握支援 ▶ **対策の立案支援** ▶ **実行支援**

課題の把握支援

- 部下が何に悩んでいるのかをヒアリングを通じ正確に把握する。
- 把握した悩みから、「じぶん戦略」の課題を特定する。

対策の立案支援

- 特定した課題ごとに、「じぶん戦略」に沿って解決する支援を行う。

実行支援

- 部下のキャリアプラン実行に必要な職場環境づくりを行う。

1．課題の把握支援

社員は、自分が抱えているキャリアの悩みに関して、本当の原因に気づいていないことがよくあります。ミドルマネージャーは、社員と一緒にその原因を見つけ出し、問題を明確にする手助けをします。例えば、社員が「将来が不安だ」という漠然とした悩みを持っている場合、それが何によって引き起こされているのかを特定することが重要です。「キャリアＳＷＯＴ」を使って、社員がどのようなことで悩んでいるのかを明らかにします。

具体的には、図7－3を見てください。

「キャリアＳＷＯＴ」をすでに学んだあなたは、会社でのキャリアの悩みは、実はその上流に原因があるということがすぐにわかると思います。「キャリアＳＷＯＴ」の流れで言えば、会社でのキャリア戦略の悩みは図7－3の右側の①～③の矢印がそれにあたります。具体的には、この3つのどこかに原因があるといえます。

▶図7−3　キャリアの悩みが生み出される構造

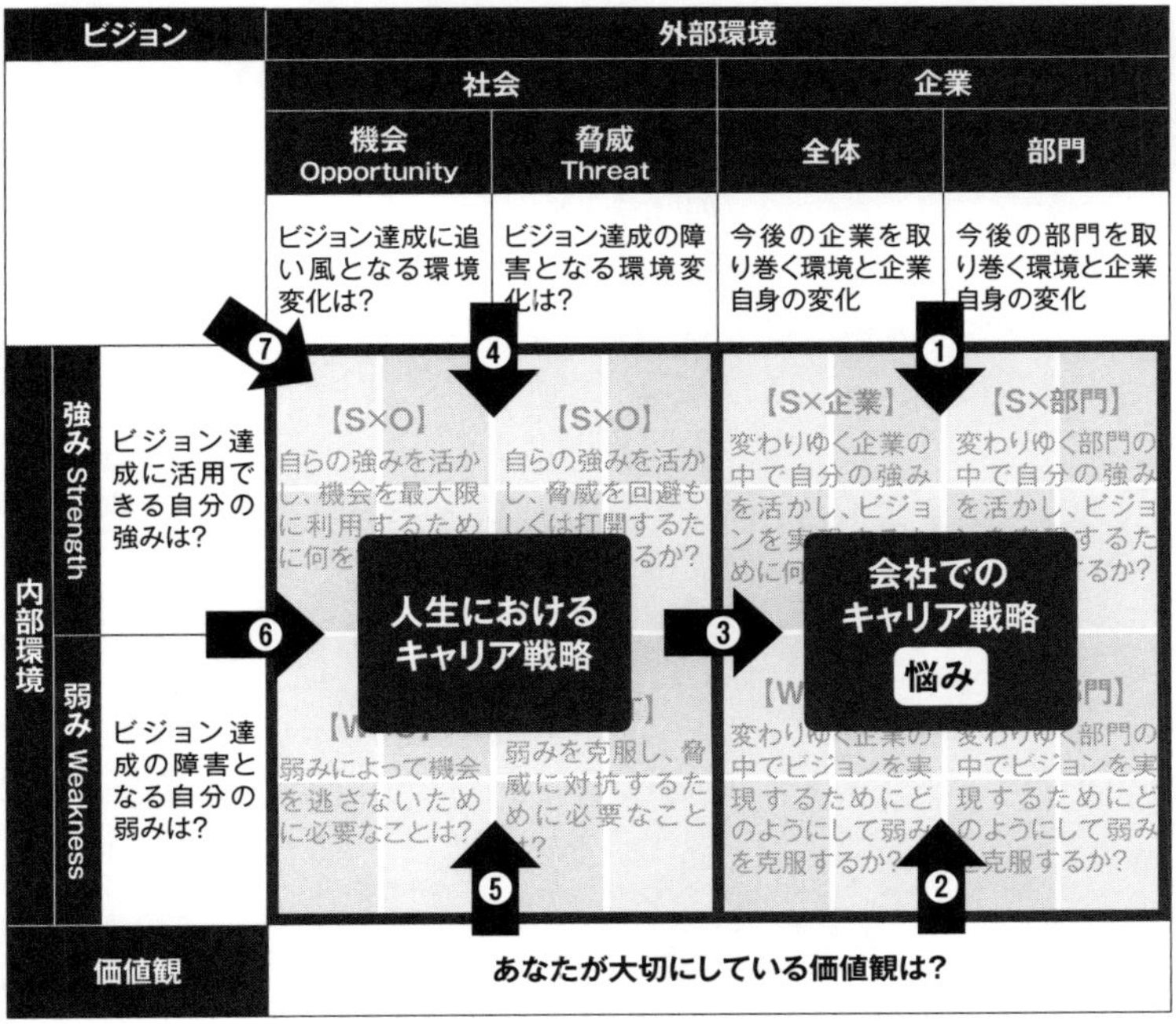

・企業の方針が理解できていない（矢印①）
・自身の価値観との相違（矢印②）
・人生におけるキャリア戦略の不在（矢印③）

もし、人生におけるキャリア戦略の不在が原因だった場合、さらにその原因を探りにいきます。

具体的には、図7－3の④～⑦の矢印です。
・社会の動きを理解できていない（矢印④）
・自身の価値観との相違（矢印⑤）
・自身の強みと弱みを把握できていない（矢印⑥）
・自身の「ビジョン」、やりたいことがない、もしくは理解できていない（矢印⑦）
これらのどこかに真の原因があると言えます。

2.対策の立案支援

問題が明確になったら、その解決策を一緒に考えます。

例えば、社員が自分の「ビジョン」を明確に持っていない場合は、その「ビジョン」を一緒に策定するサポートを行います。また、会社の「ビジョン」が不明確であれば、ミドルマネージャーが「ビジョン」を説明し、社員のキャリアビジョンとどうリンクさせるかを社員とともに考えます。社員が自分の強みや弱みを理解できていない場合は、それをどのように活かすかを考えることも重要です。

具体的には、社員の悩みの原因に応じた「じぶん戦略」のステップを、社員が策定できるようサポートしていきます。詳しい内容は本書各章を参照いただくとして、社員のファシリテーションに役立つポイントを159ページの図7－4にまとめましたので、サポートの参考にしてください。

3.実行支援

対策が決まったら、それを実行するための環境を整えるサポートを行います。計画や戦略が明確になっても、それを実行できる環境が整っていなければ、社員のモチベーションは下がってしまいます。

ミドルマネージャーの役割は、社員が自分の計画を実行できるような環境づくりを行うことです。

環境づくりというと仕事の業務のことだけが頭に浮かびがちですが、それだけではありません。社員の持つ４つの役割に対して実行支援を行うことが必要です（１６１ページ・**図7-5**）。

例えば、ワークライフバランスを考えたサポートや、スキルアップのためのトレーニングの提供など、社員が成長できる環境をつくることが求められます。

▶図7−4　ステップ別ファシリテーションのポイント

検討ステップ	ファシリテーションのポイント	アプローチ・問いかけ例
ステップ1 価値観	●思い込みや貰い物ではない、現在の自分にとって本当に大切な価値観を導出すること。 ●なければ一緒につくっていく。	●その価値観はいつからあるの? ●人生で一番影響を受けた出来事は? ●80個のリストで絞り込むワークをやってみる。
ステップ2 ビジョン	●今の環境や周囲の期待に引っ張られない、本当に実現したいビジョンを導出すること。 ●仕事だけじゃない、4象限でイメージすること。	●実現を想像したときにワクワクする? ●仕事以外のことってビジョンに入っている? ●ビジョン・マンダラートで価値観を膨らませる。
ステップ3 現状認識	●自分でも気づいていないスキルを棚卸しする。 ●スキルに関する思い込みを手放す。 ●テクニカル／ヒューマンスキル等漏れなく把握。	●現在のあなたの強み・弱みは? ●なんで、それを強み・弱みだと思ったの? ●こんなところも強みだと思うけど、どう思う?
ステップ4 戦略	●SWOTの各項目を考慮した戦略になっているかを確認していく。 ●仕事以外も含めた4象限を意識すること。	●その戦略はビジョンにどうつながるの? ●もっと他にできること、すべきことはない? ●企業・社会環境の変化についてどう考えている?
ステップ5 アクションプラン	●ビジョン実現につながる施策になっているか。 ●実行可能な具体的な計画になっているか。	●なぜこの施策を選んだの?他にはない? ●すぐに実行に移せそう? ●アクションプランシートを活用する。

クロスキャリアの成功は、企業と個人が共に歩む姿勢を持ち続けることで達成されます。企業は魅力的なビジョンを持ち、社員とのすり合わせを丁寧に行うことで、互いに成長し合い、より強固な組織を築いていくことができるでしょう。

社員一人ひとりが自分の「ビジョン」を持ち、それに向かって行動することが、企業と個人双方にとっての成功へのカギとなるのです。

▶図7−5　実行支援のポイント

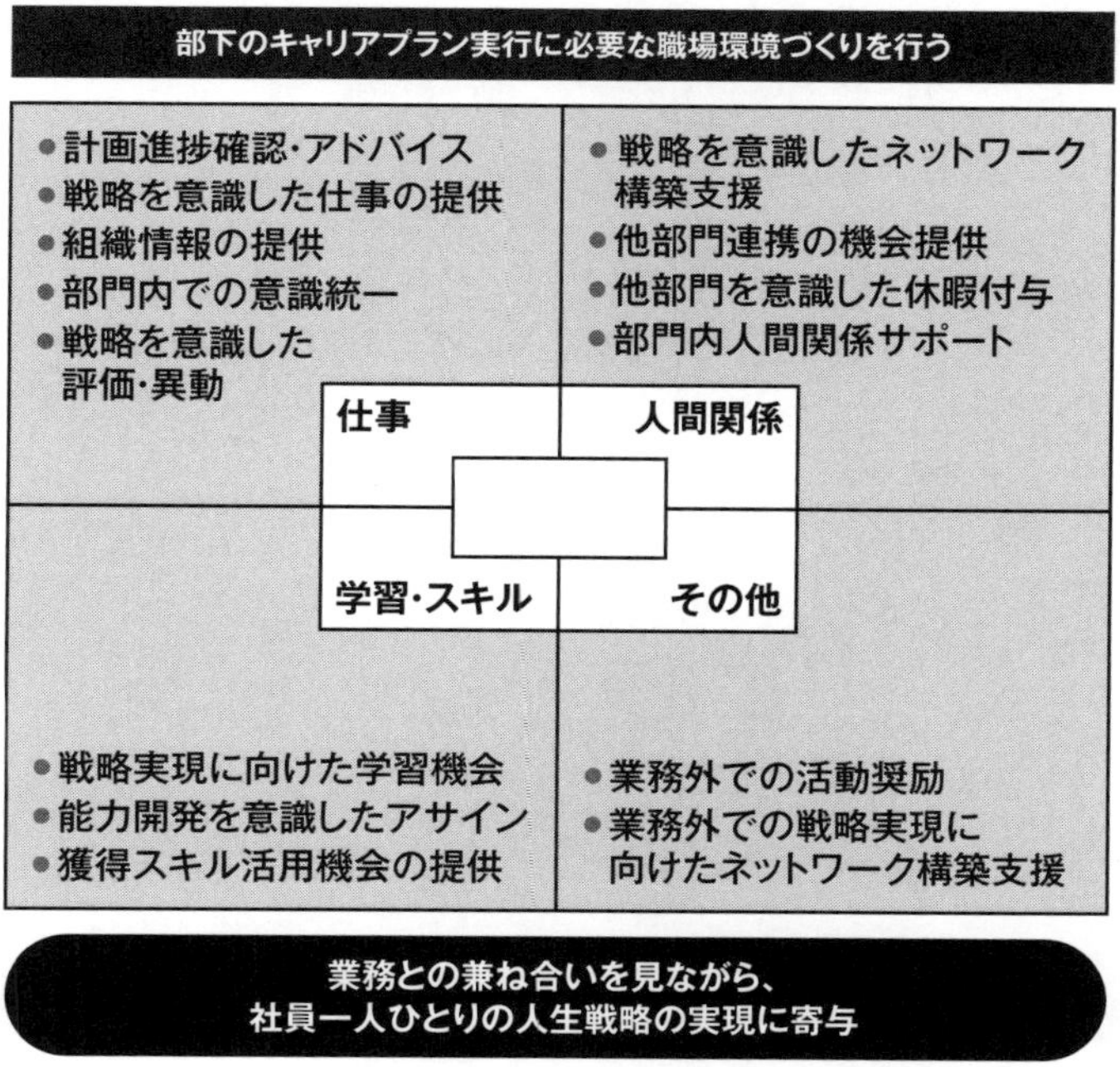

おわりに

私たちがこの本を通じて伝えたかったのは、単なるキャリアの設計図ではありません。それは、あなたが自分自身の人生に真剣に向き合い、そして自分の可能性を最大限に引き出すための道しるべです。人生は旅です。その旅路の中で、あなたがどんな道を選び、どのように進んでいくかは、あなた自身にしか決められません。

「じぶん戦略」を策定する過程では、あなたは自分の本当の価値観に気づき、隠れていた才能を見つけることができるでしょう。この旅の中で出会う自分自身の新しい一面は、時に驚きと喜びをもたらし、あなたに勇気を与えるでしょう。過去の失敗や挫折でさえ、今のあなたを形作る大切な経験として、未来への礎《いしずえ》となります。

想像してみてください。自分のビジョンが明確になり、行動するたびにそのビジョンに近づいていく感覚を。朝、目覚めたときに「今日はどんな挑戦が待っているのだろう」と胸が高鳴る毎日を。あなたの描く理想の未来は、決して遠い夢ではありません。それはあなたの行動によって一歩一歩現実に近づいていきます。

この本で学んだ「クロスキャリア思考」は、あなたの人生を豊かにし、毎日の仕事や人間関係に新たな意味をもたらします。人生の中で、困難に直面したときや道に迷ったとき、この本に戻り、再び自分のビジョンを見つめ直してください。そして、そのたびに新たな力を得て、前に進むための勇気を持ってください。

企業においても、個人のキャリアを尊重し支援することが、これからの時代には欠かせません。企業が社員一人ひとりのビジョンを大切にし、それをサポートすることで、組織全体が成長し続けることができます。あなたが「じぶん戦略」を実行することで、企業と個人が互いに補完し合い、共に成長していく未来が描けるのです。

最後に、あなたにお伝えしたいのは、「未来は自分の手で創り出すことができる」ということです。どんなに遠く感じる夢であっても、あなたが一歩を踏み出せば、その夢は現実となる道のりの中に現れます。この本が、あなたの未来に光を灯し、心から満足のいく人生を歩むための助けとなることを、私たちは心から願っています。

あなたの旅は、ここから始まります。勇気を持って、一歩一歩進んでください。その先には、きっと素晴らしい未来が待っています。そして、あなたがその未来を手に入れたとき、私たちも共に喜びたいと思っています。これからのあなたの歩みに、心からエールを送ります。

著者

ワークシートのダウンロード

本書に掲載しているじぶん戦略のワークシートは、こちらよりダウンロード頂けます。

https://jibun-senryaku.com/downloads

AI ビジョンメイカー

自分のビジョンを AI に聞いてみたいという方はこちら。

簡単な質問に回答するだけで AI があなたのビジョンを診断します。

https://jibun-senryaku.com/visionmaker

株式会社エイチ・ティー

私たちが生きる「人生100年時代」では、働き方も組織と個人の関係性も大きく変わりつつあります。組織はもはや、個人を単に雇う場ではなく、双方が価値を高め合い、成長する場へと進化しています。

HXTは、あらゆる組織や個人がその進化に対応し共に成長する社会を創ることをビジョンに掲げ、2017年設立されました。

私たちは、組織と個人が共に成長するための独自の手法**「クロスキャリア・マネジメント®」**を開発し、様々な企業・組織に対する経営・人事コンサルティングや、社員研修などの人材育成支援サービスを展開しています。

中でも本書でご紹介した、社員の**キャリア自律**を通じて組織を活性化させるキャリア開発プログラム「**じぶん戦略**」は、組織が**変化に強い個の集団**へと成長するための重要なサービスです。

ホームページ：https://www.hxt.co.jp/

《著者略歴》

照井 直哉（てるい なおや）

大学卒業後、NTT 西日本で人事部へ配属。経営への興味から外資系コンサルティングファームへ。様々な組織改革プロジェクトに携わる。その後、企業支援で得た知見を活かし、経営の実践の世界へ。ベンチャー企業の役員として、事業を率いる。事業経営の中で、企業と個人のよりよい関係性が重要だと考え、企業戦略・組織コンサルティング及び人材育成を事業の柱とした、株式会社エイチ・ティーを設立。

KEN（鳥羽瀬 建〈とばせ けん〉）

一橋大学で哲学を専攻。卒業後、朝日アーサーアンダーセン入社。様々な企業の戦略策定に携わる。その後、教育ベンチャー、大学職員、こども哲学対話ファシリテーターなどの経験を経て、アフリカへ移住。デザイン・アート活動を開始。帰国後エイチ・ティーに参画。クロスキャリアを提唱し、じぶん戦略プログラム開発を行う傍ら、大学非常勤講師、こどもの生きるチカラを育てるシッパイの学校など、様々な活動を展開。

澤村 暢子（さわむら のぶこ）

大学卒業後ウォルト・ディズニー・ジャパン入社。VMD とマネジメントを経験。人材育成とキャリアに興味を持ち、キャリア支援の企業に入社。個人と企業それぞれに向けたサービスに関わる中で、個人のキャリア自律の必要性を感じ、国家資格キャリアコンサルタントを取得。行政機関や企業でのキャリア開発、雇用促進などのプロジェクトに携わる傍ら、自律型キャリア開発プログラムの開発と普及を行っている。

クリエイティブディレクション　奥村靫正（TSTJ Inc.）
アートディレクション　出羽伸之（TSTJ Inc.）
デザイン　真崎琴実（TSTJ Inc.）
編集協力　庄子錬（エニーソウル）

クロスキャリア思考
会社と見つける、あなたの「天職」と「未来」

2024年12月7日　第1版第1刷発行

著者　照井 直哉
　　　ＫＥＮ（鳥羽瀬 建）
　　　澤村 暢子

発行　株式会社ＰＨＰエディターズ・グループ
〒135-0061　東京都江東区豊洲5-6-52
☎03-6204-2931
https://www.peg.co.jp/

印刷
製本　シナノ印刷株式会社

ISBN978-4-910739-65-6